唐山师范学院著作出版基金资助（2021CB01）

六世纪语文教育史

高光新 著

燕山大学出版社
·秦皇岛·

目　录

绪　论 …… 1

第一节　六世纪时代背景 …… 1

一、六世纪政治形势 …… 1

二、六世纪社会形势 …… 2

三、六世纪教育形势 …… 3

第二节　研究对象与资料来源 …… 5

一、研究对象 …… 5

二、研究现状 …… 7

三、资料来源 …… 9

第一章　六世纪人物接受的语文教育 …… 10

第一节　梁朝人物接受的语文教育 …… 11

一、史事 …… 11

二、特点 …… 12

第二节　陈朝人物接受的语文教育 …… 13

一、史事 …… 13

二、特点 …… 16

第三节　东魏、北齐人物接受的语文教育 …… 17

一、史事 …… 17

二、特点 …… 29

第四节　西魏、北周人物接受的语文教育 …… 30
一、史事 …… 30
二、特点 …… 36
第五节　隋朝人物接受的语文教育 …… 37
一、史事 …… 37
二、特点 …… 48
第六节　唐初人物接受的语文教育 …… 48
一、史事 …… 48
二、特点 …… 54
小　结 …… 55
一、概览 …… 55
二、对女性的语文教育 …… 55

第二章　六世纪语文教育的实施者与机构 …… 59

第一节　官学语文教育机构与实施者 …… 59
一、学校与教师 …… 59
二、宫廷语文教育机构 …… 66
三、中央官学语文教育机构 …… 70
四、地方官学语文教育机构 …… 74
第二节　私学语文教育实施者 …… 77
一、学馆语文教育实施者 …… 77
二、私人讲学语文教育实施者 …… 81
三、家族语文教育实施者 …… 89

第三节　管理机构 …… 90

第三章　文字音形义与书写教育 …… 93

第一节　蒙学语文教育 …… 93

一、六世纪蒙学语文教育概况与用书 …… 93

二、《千字文》 …… 95

第二节　语音教育 …… 98

一、六世纪的语音教育 …… 99

二、语音教育用书 …… 101

第三节　识字教育 …… 102

一、六世纪识字教育 …… 102

二、识字教育用书 …… 104

三、《玉篇》 …… 108

第三节　书法教育 …… 110

一、第一章人物擅长的书体 …… 111

二、六世纪书法教育 …… 112

三、书法教育用书 …… 113

第四章　阅读与写作教育 …… 115

第一节　阅读读本 …… 115

一、第一章人物阅读读本 …… 115

二、六世纪阅读读本 …… 118

第二节　阅读方法与指导 …… 127

一、阅读方法 …… 127
二、阅读指导 …… 130
第三节　写作文体 …… 130
一、第一章写作文体分析 …… 131
二、六世纪写作文体 …… 135
第四节　写作训练 …… 136
一、写作方式 …… 136
二、写作范本 …… 137
三、写作指导思想 …… 141

第五章　口语交际训练与双语教育 …… 149

第一节　口语交际训练 …… 149
一、第一章人物的口语交际 …… 149
二、六世纪口语交际训练要素 …… 151
三、口语交际训练工具书 …… 151
第二节　双语教育 …… 155
一、双语概况 …… 155
二、双语工具书 …… 157

第六章　六世纪讲学中的语文教学 …… 159

第一节　六世纪涉及语文的讲学概况 …… 159
一、儒家讲学中的语文教学 …… 159
二、佛经讲解中的语文教学 …… 162

第二节 皇侃《论语集解义疏》中的语文教学 …… 165
一、皇侃与《论语集解义疏》 …… 165
二、《论语集解义疏》中的语文教学 …… 166
第七章 《颜氏家训》的语文教育思想 …… 174
第一节 颜之推与《颜氏家训》 …… 174
一、颜之推生平 …… 174
二、《颜氏家训》 …… 175
第二节 《颜氏家训》论语文教育 …… 181
一、语文教育的目的 …… 182
二、语文教育的内容 …… 183
三、语文教育的态度 …… 212
第三节 《颜氏家训》论语文教师的素养 …… 214
一、掌握教学方法 …… 214
二、具备教师素质 …… 215
第四节 《颜氏家训》论语文学习 …… 218
一、语文学习的态度 …… 218
二、语文学习的方法 …… 220
结 语 …… 222
一、本时期语文教育的特点 …… 222
二、本时期语文教育对后世的影响 …… 223

参考文献 …… 226

一、古籍 …… 226

二、今人论著 …… 227

后　记 …… 233

绪　论

六世纪(501—600年)是我国历史上从分裂到统一的一个特殊阶段。选择这一段历史时期的语文教育史进行探讨，源自颜之推(531—591年之后)的一句话,《颜氏家训·序致》:“追思平昔之指,铭肌镂骨,非徒古书之诫,经目过耳也。”颜之推所著《颜氏家训》是现存最早的完整家训著作,记录了他所见到的教育史事。书中包含的颜之推的语文教育思想,来源于他所处的时代。

第一节　六世纪时代背景

语文教育受时代背景制约。下面介绍与六世纪语文教育有关的时代背景。

一、六世纪政治形势

六世纪处在南北朝后期,南朝三个朝代:齐(479—502)、梁(502—557)、陈(557—589)。北朝首先是北魏(439—534),后分裂为东魏(534—550)和西魏(535—556),北齐(550—577)继承东魏,北周(557—581)继承西魏,继续东西对峙。577年北周灭北齐,581年杨坚篡北周建隋(581—

618),589年隋灭陈,实现全国统一。各并峙政权之间,以及政权交替之际,战乱不断,直到隋统一全国之后,才结束战乱状态。

六世纪政权更替频繁,皇帝变换更频繁。一百年中,正史承认的皇帝有32人,其中梁武帝在位48年,时间最长,7人在位时间介于10至20年(隋文帝不包括600年以后部分)之间,其余在位时间都不足10年。

二、六世纪社会形势

六世纪是南北朝的后期,延续前代的社会特点。

(一)门第变化

魏晋以来的门阀政治,到了六世纪有了变化,高门士族仍然有特权,把持政府高级职位,但是寒门士族兴起并受到重用,南朝皇帝都是寒门出身,《颜氏家训·涉务》:"人每不自量,举世怨梁武帝父子爱小人而疏士大夫,此亦眼不能见其睫耳。"这里说的"小人"指的是寒门士族,"士大夫"指的是高门士族。出现这个现象的原因是高门士族养尊处优,缺乏处理实际政务的能力,为了治理国家,梁武帝不得不用有才干的寒门士族,这就引起了高门士族的不满,但是颜之推却赞同梁武帝的做法。

(二)社会思潮

六世纪,佛教、道教、玄学继续兴盛,与儒学并立。例如梁武帝,《梁书》卷三《武帝纪下》载其:"少而笃学,洞达儒玄。……兼笃信正法,尤长释典。"对儒学、玄学、佛教都很爱好。他对道士陶弘景也很崇信,《梁书》卷五十一《陶弘景传》载:“及即位后,恩礼逾笃,书问不绝,冠盖相望。”但儒学仍然是当时社会思潮的主流。西晋荀勖编纂《中经新簿》,分为甲乙丙丁四部,大体分别对应经子史集四部。唐初成书的《隋书·经籍志》按四部排列,分别是经史子集,儒家的经部位居首位。从西晋到唐初,经部的地位没有变化,说明儒学尽管受到佛、道、玄的冲击,仍然处于主流地位。

三、六世纪教育形势

六世纪教育继承前代而来,又出现了一些新的变化。

(一) 教育制度

在教育体制上,中央官学有太学与国子学,《魏书》卷八《世宗纪》记载,正始四年(507)六月诏曰:“今天平地宁,方隅无事,可敕有司准访前式,置国子,立太学,树小学于四门。”

专科教育兴起,例如书学、文学教育独立。《宋书》卷九十三《隐逸·雷次宗传》载:“元嘉十五年,征次宗至京师,开馆于鸡笼山,聚徒教授,置生百余人。会稽朱膺之、颍川庾蔚之并以儒学,监总诸生。时国子学未立,上留心艺术,使丹阳尹何尚之立玄学,太子率更令何承天立史学,司徒参军谢元立文学,凡四学并建。”首次儒学、玄学、史学、文学“四学并建”,正式承认史学和文学的独立地位。这里的文学是南朝四门学科之一,不同于当前的源自英语 literature 的文学。《宋书》卷六十四《何承天传》云:“(谢)元字有宗,陈郡阳夏人,临川内史灵运从祖弟也。以才学见知,卒于禁锢。”谢元和谢灵运同宗，都是南朝大族谢家。谢灵运是著名诗人，谢元有“才学”，《隋书》卷三十三《经籍一》著录谢元撰礼仪类《内外书仪》四卷、卷三十五《经籍四》著录个人别集类《谢元集》一卷，《全上古三代秦汉三国六朝文》收录谢元文章两篇：《掖庭有故不举祭议》《刑法议》。从谢元的专长，可以推断他所立的文学，不局限于讲授诗歌等内容。

地方教育兴起，例如北魏、北齐、隋有郡学，《北齐书》卷四十四《儒林传序》：“齐制：诸郡并立学，置博士助教授经。”

教育行政机构逐渐独立，北齐与隋设立国子寺负责教育管理，《隋书》卷二十七《百官志中》记载北齐的官制，有“国子寺，掌训教胄子。祭酒一人，亦置功曹、五官、主簿、录事员”。

六世纪教育还有一种特殊的皇族教育，有一套专门的制度保障对太子、诸王以及他们子女的教育，尤其对太子的教育更受重视。《魏书》卷七《显祖纪下》：“（十有六年四月）甲寅，幸皇宗学，亲问博士经义。”皇宗学就是北魏的皇族教育。

以上内容，国子学、太学、地方教育、皇族教育是继承前代的，在六世纪以前就有相同或相似的教育制度。专科教育、教育行政机构独立，是随着教育形势变化新出现的教育制度。

（二）教育特点

受到六世纪政治与社会形势的影响，当时的教育体现出多元化的特点，体现在：

1. 政权多，每个政权的教育政策都有不同，甚至每个皇帝的教育政策也不同。

2.儒、释、道、玄并立，教育内容出现多样性，常常出现兼顾前面四类的情况。

3.南北借鉴、对外交流的程度不同，导致教育融合的程度不同。

第二节 研究对象与资料来源

一、研究对象

关于语文的定义，《现代汉语词典》（商务印书馆第7版）："②语言和文学：中学～课本。"语文指语言和文学。语言是"由语音、词汇和语法构成一定的系统"。现在的语文教材中有对词的读音和词义注释，课后有语法现象讲解。文学是"以语言文字为工具形象化地反映客观现实的艺术，包括戏剧、诗歌、小说、散文等"。现在的语文教材文选以文学作品为主。

在六世纪，语言研究已经出现，有《玉篇》等著作，文学已经独立，如前所述，但与现代意义上的语言和文学不完全相同。六世纪的语言研究附属于经学，在经学教育中涉及语言文字教育，例如在讲授《论语》的过程中涉及字词讲解、段落与篇章意义总结。六世纪的文学指文献知识，包括文学、历史、哲学等方面的文献知识，与现代意义上的文学不同，但是前者包含后者的要素，例如六世纪有书籍阅读教育、诗歌创作教育。六世纪并没有现代意义上的语文教育，但是现代语文教育涉及的要素，基本上已经有萌芽。

还有一个问题，今天的语文教育有语文考试，古代是否存在语文考试？研究语文教育史，需要从历史事实出发，就不能用今天的语文教育元素直接去类比。先秦儒家给学生讲授“六艺”，只有“书”属于语文范围，另外的“礼乐射御数”，类比的话，属于思想品德、音乐、体育、数学范围。两汉三国六朝的对策，就政事、经学内容进行提问，由应试者回答，目的是选士与选官，类比的话，是综合政治考试与公务员考试，不能归为语文范围。隋代以后的科举，唐宋包括写诗，明清是写八股，只有写诗的部分是语文范围，其余部分与对策相同。所以，从中国古代的考试来看，语文因素占比极低，并且目的不与现在相同，只有先秦儒家的“书”教育和唐宋科举中的写诗部分是语文范围，但是可以分别从书法教育和写作教育中进行探讨，不需要独立出来。至于语文考试机构，更是不存在，只有选士选官机构，没有语文考试机构。因此，中国古代的语文教育，不存在语文考试这一项。

本书研究的对象是现代意义上的语文教育所涵盖的内容在六世纪的存在过程及其规律，并从中发掘对后世的启发。具体来说，主要是对未成年人开展的语言与文学要素的教育，包括蒙学语文教育、语音教育、识字教育、书法教育、阅读教育、写作教育、口语交际训练、双语教育，以及对以上教育活动和思想的总结。

二、研究现状

(一) 对六世纪语文教育史的研究

目前还没有专门的研究成果，众多语文教育史著作都有专门章节探讨六世纪语文教育史，例如张隆华、曾仲珊《中国古代语文教育史》(四川教育出版社 2000 年版)第四章《魏晋南北朝时期的语文教育》，谢保国《中国古代语文教育史稿》(宁夏人民出版社 2009 年版)第五章《语文成熟自觉教育阶段的开始》，耿红卫《中国语文教育史教程》(山东教育出版社 2013 年版)第三章《魏晋南北朝语文教育》，林晖、周晓蓬《中国语文教育思想史》(北京大学出版社 2016 年版)第三章《魏晋南北朝语文教育》。许书明、徐海梅《中国古代语文教育史》(科学出版社 2016 年版)则分主题探讨，例如第五章《古代语文使用教材》，探讨了古代语文蒙学、经学、选学和写作教材，第八章《古代语文教育名家教育思想》分析了颜之推的语文教育思想。

王佳伟《魏晋南北朝家训对语文教育的启示》(南京师范大学 2015 年硕士学位论文)涉及六世纪的家训，该论文共三章，分别论述了魏晋南北朝家训中学习目的、学习内容、学习态度与方法对语文教育的启示，认为当时的学习目的是成才立业、长期发展以及承担责任，学习内容以儒释道经典为主，学习态度主要是立志高远、终身学习，学习方法主要是多思多读。

(二) 对六世纪语文教育思想的研究

主要是探讨《颜氏家训》《文心雕龙》的教育思想。

1.《颜氏家训》的语文教育思想。截止到 2020 年 9 月，从中国知网(CNKI)检索到 22 篇论文探讨颜之推或《颜氏家训》与语文教育的关系。这些论文主要有三类：

一是探讨颜之推或《颜氏家训》的语文教育思想与启示，此类论文有 12 篇，例如刘莹《〈颜氏家训〉的语文教育思想及对现代语文教学的启示》(东北师范大学 2010 年硕士学位论文)，范娇、陈美惠《颜之推语文教育思想体系研究》[《现代语文(教育研究版)》2012 年第 12 期]。

二是探讨《颜氏家训》对阅读与写作教学的意义和启示，此类论文有 5 篇。例如温超《〈颜氏家训〉文体写作观念研究——兼论语文课程中的教学文体》(天津师范大学 2012 年硕士学位论文)，钱俪元《〈颜氏家训〉中的语文阅读方法探析》[《现代语文(学术综合版)》2014 年第 7 期]。

三是探讨《颜氏家训》的语文学习思想，此类论文有 4 篇，例如于茹《〈颜氏家训〉语文学习思想研究》(吉林大学 2007 年硕士学位论文)。

此外，高光新《〈颜氏家训〉论语文教师的素养》(《唐山师范学院学报》2017 年第 3 期)切入的角度和探讨的问题不同。

2.《文心雕龙》的语文教育思想。截止到 2020 年 9 月从中国知网(CNKI)检索到 6 篇论文探讨刘勰或《文心雕龙》的语文教育观，例如龚惠琼《〈文心雕龙〉与中学语文教育》(线装书局 2009 年版)探讨《文心雕龙》的《时序》《物色》等六篇对中学阅读教学和作文教学的指导意义。

三、资料来源

本书研究所用六世纪史料来源主要如下：

正史：《宋书》《南齐书》《梁书》《陈书》《魏书》《北齐书》《北周书》《隋书》《南史》《北史》《旧唐书》《新唐书》（以上均为中华书局排印本）。

其他史书：《续高僧传》（中华书局 2014 年版）、《册府元龟》（中华书局 1982 年版）。

出土文献：毛远明《汉魏六朝碑刻校注》（线装书局 2009 年版），赵超《魏晋南北朝墓志汇编》（天津古籍出版社 1992 年版），王其祎、周晓薇《隋代墓志铭汇考》（线装书局 2007 年版），周绍良、赵超《唐代墓志汇编》（上海古籍出版社 1992 年版）和《唐代墓志汇编续集》（上海古籍出版社 2001 年版）。

文集：《庾子山集注》（中华书局 1980 年版）。

其他著作：皇侃《论语集解义疏》用文渊阁《四库全书》本，《颜氏家训》用王利器《颜氏家训集解》（中华书局 2005 年版）。

第一章　六世纪人物接受的语文教育

本章探讨六世纪人物所接受的语文教育，人物事迹从传世文献和出土文献中摘取，先列传世文献，再列出土文献，为便于理解人物事迹，在部分例子最后附加简要补充。选择标准如下：

1. 由于受教育的年龄存在差别，以十岁为界，上限选取491年之后出生的人物，假定他们十岁以后才接受语文教育，例如下文1.3.6北齐杜弼到了十二岁才受学；下限选取591年之前出生的人物，假定他们十岁以前接受了一定程度的语文教育，例如杨文思，《隋书》卷四十八《杨文思传》："年十一，拜车骑大将军、仪同三司、散骑常侍。"《隋代墓志铭汇考》第383《杨文思志》："后魏二年，时年十一，授车骑大将军、仪同三司、散骑常侍，以小学之年，包老成之德，况古畴今，超然绝类。"[①]杨文思十一岁出仕。

2. 所选人物的事迹必须与语文教育有关，即必须涉及教育实施者、教育场所、教育内容、教育读本中至少一项，事迹笼统则不取。《周书》里记载了十三人"涉猎经史"，例如《周书》卷三十七《韩褒传》："及长，涉猎经史，深沉有远略。"大部

① 王其祎、周晓薇：《隋代墓志铭汇考》第四册，线装书局，2007年，第332页。

分并无实质内容，所以不取。墓志存在“谀墓”，对墓主多溢美之词，事迹无实质内容的也不取，例如《隋代墓志铭汇考》第341《元钟志》：“君幼而爽悟，早有令名。书观大略，志遗小巧。”①实际上是委婉表达墓主幼年不好学。

第一节　梁朝人物接受的语文教育

一、史事

选取《梁书》所记人物事迹，以《南史》对照。所有人物生于491年以后。由于南朝梁建立于502年，对于出生年月不能确定的人物，则不选用。

1.1.1 六岁便属文，高祖惊其早就，弗之信也。乃于御前面试，辞采甚美。……雅好题诗，其序云：“余七岁有诗癖，长而不倦。”然伤于轻艳，当时号曰“宫体”。（《梁书》卷四《简文帝纪》）

1.1.2 年五岁，高祖问：“汝读何书？”对曰：“能诵《曲礼》。”高祖曰：“汝试言之。”即诵上篇，左右莫不惊叹。（《梁书》卷五《元帝纪》）

1.1.3 太子生而聪睿，三岁受《孝经》、《论语》，五岁遍读五经，悉能讽诵。（《梁书》卷八《昭明太子传》）

1.1.4 幼聪颖，年七岁，能通《孝经》、《论语》义，发

① 王其祎、周晓薇：《隋代墓志铭汇考》第四册，线装书局，2007年，第169页。

摘无所遗。(《梁书》卷二十二《鄱阳忠烈王萧恢传》)

1.1.5 少聪颖,博学善属文,尤工尺牍。(《梁书》卷二十九《邵陵携王萧纶传》)

1.1.6(宗)懔少聪敏好学,昼夜不倦,乡里号为"童子学士"。(《梁书》卷四十一《宗懔传》)

1.1.7 年七岁,高祖尝问读何书,对曰"学《诗》"。因命讽诵,音韵清雅,高祖因赐王羲之书一卷。(《梁书》卷四十四《西阳王萧大钧传》)

1.1.8 幼聪警博学,明《老》、《易》,善谈玄,风采清越,辞辩锋生。(《梁书》卷四十四《贞惠世子萧方诸传》)

1.1.9(陆)云公五岁诵《论语》、《毛诗》,九岁读《汉书》,略能记忆。从祖倕、沛国刘显质问十事,云公对无所失,倕、显叹异之。(《梁书》卷五十《陆云公传》)

1.1.10(颜)协幼孤,养于舅氏。少以器局见称。博涉群书,工于草隶。(《梁书》卷五十《颜协传》)

1.1.11 少勤学,有文才,属辞不好轻华,甚有骨气。(《梁书》卷五十五《武陵王萧纪传》)

二、特点

梁朝人物共计 11 人,都是男性,都源自传世文献,接受的语文教育有以下特点:

1. 语文早教开展得早,例如 1.1.3 昭明太子,三岁就开始读《孝经》《论语》,五岁的时候把五经读完了。

2.阅读对象有儒学、玄学著作（1.1.8 贞惠世子萧方诸），是时代社会思潮的反映。

3.重视宫廷语文教育，多名皇族成员幼年接受阅读、写作教育。

第二节　陈朝人物接受的语文教育

一、史事

选取《陈书》《册府元龟》所记人物事迹，以《南史》对照。所有人物生于491年以后。由于南朝陈建立于558年，对于出生年月不能明确的人物也选用。

1.2.1（蔡）景历少俊爽，有孝行。家贫好学，善尺牍，工草隶。（《陈书》卷十六《蔡景历传》）

1.2.2 少聪惠，笃志好学。年十二，随叔父棱见沛国刘显，显问《汉书》十事，载随问应答，曾无疑滞。（《陈书》卷十八《韦载传》）

1.2.3（虞）荔幼聪敏，有志操。年九岁，随从伯阐候太常陆倕，倕问《五经》凡有十事，荔随问辄应，无有遗失，倕甚异之。（《陈书》卷十九《虞荔传》）

1.2.4 六岁，能诵《孝经》、《论语》、《老子》。及长，博极经史，尤善佛经及《周易》、《老子》义。（《陈书》卷十九《马枢传》）

1.2.5 年九岁，召补国子《周易》生，梁司空袁昂时为祭酒，深敬重之。(《陈书》卷二十一《萧乾传》)

1.2.6 年十岁，通《老子》、《周易》。(《陈书》卷二十四《周弘正传》)

1.2.7 八岁能属文，十二通《庄》、《老》义。(《陈书》卷二十六《徐陵传》)

1.2.8(徐)份少有父风，年九岁，为《梦赋》，陵见之，谓所亲曰："吾幼属文，亦不加此。"(《陈书》卷二十六《徐份传》)

1.2.9(徐)孝克，陵之第三弟也。少为《周易》生，有口辩，能谈玄理。(《陈书》卷二十六《徐孝克传》)

1.2.10.1 六岁，诵书万余言。弱不好弄，博弈杂戏，初不经心。勤苦厉精，以夜继日。年十二，便能属文。(《陈书》卷二十七《姚察传》)

1.2.10.2 姚察幼有至性，事亲以孝闻，六岁诵书万余言，弱不好弄，博弈杂戏。初不经心，勤苦精厉，以夜继日，十二便能属文。十三，梁简文帝时在东宫，盛修文义，即引于宣猷堂，听讲论难，为儒者所称。后为太子内舍人，卒。(《册府元龟》卷七百七十四《幼敏第二》)

1.2.11(陆)琼幼聪惠有思理，六岁为五言诗，颇有词采。大同末，云公受梁武帝诏校定《棋品》，到溉、朱异以下并集。琼时年八岁，于客前覆局，由是京师号曰神童。(《陈书》卷三十《陆琼传》)

1.2.12(陆)从典,字由仪。幼而聪敏。八岁,读沈约集,见回文研铭,从典援笔拟之,便有佳致。年十三,作《柳赋》,其词其美。(《陈书》卷三十《陆从典传》)

1.2.13(顾)野王幼好学。七岁,读《五经》,略知大旨。九岁能属文,尝制《日赋》,领军朱异见而奇之。年十二,随父之建安,撰《建安地记》二篇。(《陈书》卷三十《顾野王传》)

1.3.14(傅)縡幼聪敏,七岁诵古诗赋至十余万言。长好学,能属文。(《陈书》卷三十《傅縡传》)

1.2.15 母王氏,授贞《论语》、《孝经》,读讫便诵。八岁,尝为《春日闲居》五言诗,从舅尚书王筠奇其有佳致,谓所亲曰:“此儿方可大成,至如‘风定花犹落’,乃追步惠连矣。”由是名辈知之。年十三,略通《五经》大旨。尤善《左氏传》,工草隶虫篆。(《陈书》卷三十二《谢贞传》)

1.2.16(戚)衮少聪慧,游学京都,受《三礼》于国子助教刘文绍。(《陈书》卷三十三《戚衮传》)

1.2.17(张)讥幼聪俊,有思理,年十四,通《孝经》、《论语》。(《陈书》卷三十三《张讥传》)

1.2.18(王)元规少好学,从吴兴沈文阿受业,十八,通《春秋左氏》、《孝经》、《论语》、《丧服》。(《陈书》卷三十三《王元规传》)

1.2.19 时有吴郡陆庆,少好学,遍知《五经》,尤明

《春秋左氏传》，节操甚高。（《陈书》卷三十三《陆庆传》）

1.2.20 杜之伟，字子大，吴郡钱塘人也。家世儒学，以《三礼》专门。……之伟幼精敏，有逸才。七岁，受《尚书》，稍习《诗》、《礼》，略通其学。十五，遍观文史及仪礼故事，时辈称其早成。仆射徐勉尝见其文，重其有笔力。（《陈书》卷三十四《杜之伟传》）

1.2.21（岑）之敬年五岁，读《孝经》，每烧香正坐，亲戚咸加叹异。年十六，策《春秋左氏》、制旨《孝经》义，擢为高第。（《陈书》卷三十四《岑之敬传》）

1.2.22（陆）瑜幼长读书，昼夜不废，聪敏强记，一览无复遗失。尝受《庄》、《老》于汝南周弘正，学《成实论》于僧滔法师，并通大旨。（《陈书》卷三十四《陆瑜传》）

1.2.23 年十五，以文笔称。学《春秋左氏》。家有史书，所读者近三千余卷。（《陈书》卷三十四《徐伯阳传》）

1.2.24（张）正见幼好学，有清才。梁简文在东宫，正见年十三，献颂，简文深赞赏之。（《陈书》卷三十四《张正见传》）

1.2.25 幼聪慧，五岁能诵诗赋，日千言。（《陈书》卷三十四《阴铿传》）

二、特点

陈朝人物共计 25 人，都是男性，都源自传世文献，接受的语文教育有以下特点：

1. 以上人物很多在梁代接受语文教育，从受教育者的年龄与受教育内容来看，梁代的文教发达。

2. 阅读对象有儒学、玄学、佛学著作，例如 1.2.4 马枢，是时代社会思潮的反映。

3. 文学写作多次出现，说明在陈代文学的独立地位更加巩固。

4. 多次提到"诵"，例如 1.2.10.1 姚察"六岁，诵书万余言"。这是六世纪语文学习的重要方法。

第三节　东魏、北齐人物接受的语文教育

一、史事

先列传世文献，再列出土文献所记人物事迹，按顺序是《北齐书》《续高僧传》《汉魏六朝碑刻校注》，以《北史》《魏晋南北朝墓志汇编》对照。由于东魏建立于 534 年，六世纪已经过去了 30 多年，出生年月不能确定的人物也选用。

1.3.1 天保元年，立为皇太子，时年六岁。性敏慧。初学反语，于"迹"字下注云自反。时侍者未达其故，太子曰："迹字足傍亦为迹，岂非自反耶？"……九年，文宣在晋阳，太子监国，集诸儒讲《孝经》。（《北齐书》卷五《废帝高殷纪》）

1.3.2 年八岁时，问于博士卢景裕曰："'祭神如神在。'为有神邪，无神邪？"对曰："有。"浚曰："有神当云祭神神在，何烦'如'字？"景裕不能答。(《北齐书》卷十《永安简平王高浚传》)

1.3.3 博士韩毅教(高)潋书，见潋笔迹未工，戏潋曰："五郎书画如此，忽为常侍开国，今日后宜更用心。"潋正色答曰："昔甘罗幼为秦相，未闻能书。凡人唯论才具何如，岂必动夸笔迹。博士当今能者，何为不作三公？"时年盖八岁矣。(《北齐书》卷十《彭城景思王高潋传》)

1.3.4(河间王孝琬)子正礼嗣，幼聪颖，能诵《左氏春秋》。(《北齐书》卷十一《高正礼传》)

1.3.5(宋)绘，少勤学，多所博览，好撰述。(《北齐书》卷二十《宋绘传》)

1.3.6(杜)弼幼聪敏，家贫无书，年十二，寄郡学受业，讲授之祭，师每奇之。同郡甄琛为定州长史，简试诸生，见而策问，义解闲明，应答如响，大为琛所叹异。(《北齐书》卷二十四《杜弼传》)

1.3.7(王)纮少好弓马，善骑射，颇爱文学。性机敏，应对便捷。年十三，见扬州刺史太原郭元贞，元贞抚其背曰："汝读何书？"对曰："诵《孝经》。"曰："《孝经》云何？"曰："在上不骄，为下不乱。"元贞曰："吾作刺史，岂其骄乎？"纮曰："公虽不骄，君子防未萌，亦愿留意。"元贞称善。年十五，随父在北豫州，行台侯景与人论掩衣法为当左为当右。尚书敬显儁曰："孔子云：'微管仲，吾其被发左衽矣。'以此言之，右衽为是。"纮进曰："国家龙飞朔野，雄步中原，五帝异仪，三王殊制，掩衣左右，何足是非。"景奇其早慧，赐以名马。(《北齐书》卷二十五《王纮传》)

1.3.8(平)鉴少聪敏，颇有志力。受学于徐遵明，不为章句，虽崇儒业，而有豪侠气。(《北齐书》卷二十六《平鉴传》)

1.3.9 年六岁，便自愿入学，家人偶以年俗忌，约而弗许。伺其伯姊笔牍之间，而辄窃用，未几遂通《急就章》。内外异之，以为非常儿也。(《北齐书》卷二十九《李绘传》)

1.3.10.1(徐)之才幼而儁发，五岁诵《孝经》，八岁略通义旨。曾与从兄康造梁太子詹事汝南周舍宅听《老子》。舍为设食，乃戏之曰："徐郎不用心思义，而但事食乎？"之才答曰："盖闻圣人虚其心而实其腹。"舍嗟赏之。年十三，召为太学生，粗通《礼》、《易》。彭城刘孝绰、河东裴子野、吴郡张嵊等每共论《周易》及《丧服》仪，酬应如响。咸共叹曰："此神童也。"(《北齐书》卷三十三《徐之才传》)

1.3.10.2 五岁诵《孝经》，八年通《论语》。方数小学，经耳得心；群书众艺，过目成手。十三召为太学生，受业于博士缪昭、后庆。礼经涉津，知齐施梁《易》旨；望表探微，射策举高第。河东裴子野，彭城刘孝绰，并当时标秀，命世宗府，累尝试王神机。《丧服》疑义，辞若连珠，思侔泉涌，莫不绝倒，视之缺然。[《汉魏六朝碑刻校注》一二八六《徐之才墓志》北齐武平三年（公元五七二年）十一月二十二日，第9册413页]

1.3.11 六岁学史书，十一受《诗》、《易》，好《左氏春秋》。幼丧母，曾诣舅源子恭，子恭与之饮，问读何书，曰："诵《诗》。"子恭曰："诵至《渭阳》未邪？"愔便号泣感噎，子恭亦对之歔欷，遂为之罢酒。（《北齐书》卷三十四《杨愔传》）

1.3.12（裴）诹之，字士正，少好儒学，释褐太学博士。尝从常景借书百卷，十许日便返。景疑其不能读，每卷策问，应答无遗。（《北齐书》卷三十五《裴诹之传》）

1.3.13（裴）谳之，字士平，七岁便勤学，早知名。累迁司徒主簿。杨愔每称叹云："河东士族，京官不少，唯此家兄弟，全无乡音。"（《北齐书》卷三十五《裴谳之传》）

1.3.14（皇甫）和十一而孤，母夏侯氏，才明有礼则，亲授以经书。（《北齐书》卷三十五《皇甫和传》）

1.3.15 张宴之，字熙德。幼孤有至性，为母郑氏教诲，动依礼典。（《北齐书》卷三十五《张宴之传》）

1.3.16 陆卬，字云驹。少机悟，美风神，好学不倦，博览群书，五经多通大义。善属文，甚为河间邢邵所赏。

(《北齐书》卷三十五《陆印传》)

1.3.17 十岁便能属文,雅有才思,聪明强记,日诵万余言。……少在洛阳,会天下无事,与时名胜专以山水游宴为娱,不暇勤业。尝因霖雨,乃读《汉书》,五日,略能遍记之。后因饮谑倦,方广寻经史,五行俱下,一览便记,无所遗忘。文章典丽,既赡且速。(《北齐书》卷三十六《邢邵传》)

1.3.18(魏)收年十五,颇已属文。(《北齐书》卷三十七《魏收传》)

1.3.19(元)晖业尝大会宾客,有人将《何逊集》初入洛,诸贤皆赞赏之。河间邢邵试命文遥,“诵之几遍可得?”(元)文遥一览便诵,时年十余岁。(《北齐书》卷三十八《元晖业传》)

1.3.20(崔)季舒少孤,性明敏,涉猎经史,长于尺牍,有当世才具。(《北齐书》卷三十九《崔季舒传》)

1.3.21 聪敏好学,年十五,颇寻览五经章句。(《北齐书》卷四十三《李稚廉传》)

1.3.22 九岁入学,书《急就篇》,月余便通。家素贫苦,常春夏务农,冬乃入学。年十六,从浮阳李周仁受《毛诗》、《尚书》,章武刘子猛受《礼记》,常山房虬受《周官》、《仪礼》,渔阳鲜于灵馥受《左氏春秋》。(《北齐书》卷四十四《李铉传》)

1.3.23(刁)柔少好学,综习经史,尤留心礼仪。性

强记，至于氏族内外，多所谙悉。(《北齐书》卷四十四《刁柔传》)

1.3.24 邢峙，字士峻，河间鄚人也，少好学，耽玩坟典，游学燕、赵之间，通《二礼》、《左氏春秋》。(《北齐书》卷四十四《邢峙传》)

1.3.25 少孤贫，爱学，负笈从师，伏膺无倦。与儒者李宝鼎同乡里，甚相亲爱，受其《三礼》。又就马敬德习《服氏春秋》，俱通大义。(《北齐书》卷四十四《刘昼传》)

1.3.26 少好儒术，负笈随大儒徐遵明学《诗》、《礼》，略通大义而不能精。遂留意于《春秋左氏》，沉思研求，昼夜不倦，解义为诸儒所称。(《北齐书》卷四十四《马敬德传》)

1.3.27 张景仁者，济北人也。幼孤家贫，以学书为业，遂工草隶，选补内书生。(《北齐书》卷四十四《张景仁传》)

1.3.28 少受《郑易》，探赜索隐，妙尽幽微，《诗》、《书》、《三礼》，文义该洽，兼明风角，妙识玄象。(《北齐书》卷四十四《权会传》)

1.3.29(孙)灵晖年七岁，便好学，日诵数千言。唯寻讨惠蔚手录章疏，不求师友。《三礼》及《三传》皆通宗旨，始就鲍季详、熊安生质问疑滞，其所发明，熊、鲍无以异也。(《北齐书》卷四十四《孙灵晖传》)

1.3.30 颜之推，字介，琅邪临沂人也。九世祖含，从晋元东渡，官至侍中、右光禄、西平侯。父勰，梁湘东王绎镇西府谘议参军。世善《周官》、《左氏》，之推早传家业。年十二，值绎自讲《庄》、《老》，便预门徒。虚谈非其所好，还习《礼》、《传》，博览群书，无不该洽，词情典丽，甚为西府所称。(《北齐书》卷四十五《颜之推传》)

1.3.31 释法上，姓刘氏，朝歌人也。五岁入学，七日通章。六岁随叔寺中观戏，情无鼓舞，但礼佛读经，而声气爽拔，众人奔绕倾渴观听。年登八岁，略览经诰薄尽其理。九岁得《涅槃经》披而诵之，即生厌世。至于十二投禅师道药而出家焉。(《续高僧传》卷第八《齐大统合水寺释法上》)

1.3.32 君幼挺黄中，早播眸照，经目必记，历耳不忘。求藉人间，阅书肆里。不知风雨，岂悟坑穽。遂能学穷坟素，才殚辞藻。由是响振洛中，声高许下。[《汉魏六朝碑刻校注》〇九一四《张满墓志》，东魏天平四年(公元五三七年)十一月十二日，第7册191页]

1.3.33 加以留心女史，存意典图，亦既教成，言归异室。[《汉魏六朝碑刻校注》〇九四〇《祖子硕妻元阿耶墓志》，东魏兴和三年(公元五四一年)二月十八日，第7册268页]

1.3.34 学大义于五经，采奇异于百氏。怡和辞赋，雅爱斯文。[《汉魏六朝碑刻校注》〇九四九《房悦墓

志》,东魏兴和三年(公元五四一年)十一月十七日,第7册294页]

1.3.35 尊敬师傅,鉴识图史,进退合轨,折旋成则。[《汉魏六朝碑刻校注》〇九七九《元湛妃王令媛墓志》,东魏武定二年(公元五四四年)八月八日,第7册377页]

1.3.36 肇自岐年,王佐之目已表;甫将丱岁,弼谐之寄更宣。至于伟属殊伦,环望异等;识宇通旷,智局淹融。爰始志学,游心坟典。耽道知名,淫书结誉。三冬足用,五行俱下。彼自称奇,我无惭德。[《汉魏六朝碑刻校注》〇九八〇《元显墓志》,东魏武定二年(公元五四四年)八月二十日,第7册380页]

1.3.37 至乃提弓矍相之门,问道西河之馆。艺单六德,学尽琴书。击剑投锋之术,谈天镂素之能,弯弧骋驰之功,神机辩悟之略,莫不笼罩武文,陵轹俊乂者也。[《汉魏六朝碑刻校注》第〇九八二《侯海墓志》,东魏武定二年(公元五四四年)十月十日,第7册386页]

1.3.38 裁虽襁褓,便游庠塾,月习礼仪之事,体安仁义之风。[《汉魏六朝碑刻校注》〇九九九《元赙墓志》,东魏武定三年(公元五四五年)十一月二十九日,第8册26页][补记:元赙是北魏恭宗景穆皇帝玄孙,其父是汝阳文献王。]

1.3.39 太妃夙承阴教,早被柔仪,取则彤管之诗,求箴青史之记。[《汉魏六朝碑刻校注》一〇二三《元延明妃冯氏墓志》,东魏武定六年(公元五四八年)十月二十二日,第8册88页]

1.3.40 生长深宫,年殊及学。而韦弦敧器之诫,已暗置胸腑者矣。[《汉魏六朝碑刻校注》一〇三四《萧正表墓志》,东魏武定八年(公元五五〇年)二月二十九日,第8册126页][补记:梁武帝萧衍是萧正表的伯父,萧正表之父临川靖惠王萧宏与萧衍是同父异母兄弟。]

1.3.41 幼诞珪璋,风标誉望。学山学海,宗圣宗儒。峰碣与千刃比高,波源与万顷同极。爱仁好士,存旧笃终。雅洞篇章,尤晓音律。正始之风弗坠,建安之体具存。[《汉魏六朝碑刻校注》一〇三九《穆子岩墓志》,东魏武定八年(公元五五〇年)五月十三日,第8册151页]

1.3.42 若其尊重师傅,访问诗史,先人后己,履信思顺。[《汉魏六朝碑刻校注》一〇四〇《高湛妻闾叱地连墓志》,东魏武定八年(公元五五〇年)五月十三日,第8册154页][补记:高湛是北齐神武帝高欢第九子,《北史·齐本纪》记载高湛"聘蠕蠕太子庵罗辰女,号邻和公主"。]

1.3.43 历询经史,不为章句之业,偏持三略六韬,好览穰苴、孙子。[《汉魏六朝碑刻校注》一一一六《窦泰墓志》,北齐天保六年(公元五五五年)二月九日,第8册

351 页]

1.3.44 生深宫之中，长妇人之手。卓尔不群，嶷然挺出。朝野所以钦风，缙绅于是属意。旌贤乐善，味道求书，博极古今，洞观坟籍。[《汉魏六朝碑刻校注》一一二四《元子邃墓志》，北齐天保六年(公元五五五年)十一月七日，第8册375页][补记：元子邃曾祖是北魏高宗文成皇帝]

1.3.45 初自讽雩，摄齐受教，结衽从师。晓闻夜诵，朝听暮讲。先进罕得为畴，敌年莫与为匹。穷更生之七略，尽惠施之五车。思比风驰，辞同河写，五言之作，妙绝时人。花蕊有惭其艳，黼黻未臻其美。[《汉魏六朝碑刻校注》一一三一《李希礼墓志》，北齐天保七年(公元五五六年)十一月二十日，第8册392页]

1.3.46 业备组紃，学兼雕篆。□□□□□章，辨诗人之义。加以深悟苦空，洞推真假。研马鸣□□□，□□□□微言。于彼一乘，遗此三分。[《汉魏六朝碑刻校注》一一五一《刘洪徽墓志盖及妻高阿难墓志》，北齐天保九年(公元五五八年)五月二十八日，第9册27页][补记：高阿难是北齐神武帝高欢的第三个女儿。]

1.3.47 幼而研精，博极群书。下帷同三载之勤，抚剑怀万人之敌。[《汉魏六朝碑刻校注》一一七五《石信墓志》，北齐太宁元年(公元五六一年)十一月十九日，第9册89页]

1.3.48 登山学海，博虚往实归。帝典王坟，功倍师逸。[《汉魏六朝碑刻校注》一一九〇《高百年墓志》，北齐太宁河清三年（公元五六四年）三月二日，第9册141页]

1.3.49 博涉书史，尤长辞牍。[《汉魏六朝碑刻校注》一二〇一《梁伽耶墓志》，北齐河清四年（公元五六五年）二月七日，第9册171页]

1.3.50 叡哲岐嶷之年，俊思竹马之岁，该轹书林，博涉典氏。九区八素之说，三极四管之言，拓缓颜之誉，游息衡门，好观泌水。[《汉魏六朝碑刻校注》一二〇四《张僧显铭闻》，北齐河清四年（公元五六五年）二月七日，第9册181页]

1.3.51 年十五，礼传大义，历略于胸怀；雕虫小赋，时存于笔下。[《汉魏六朝碑刻校注》一二一七《崔德墓志》，北齐天统元年（公元五六五年）十月四日，第9册220页]

1.3.52 少年志学，习五礼以立身；长如经国，善弓马如偏巧。[《汉魏六朝碑刻校注》一二二三《张起墓志》，北齐天统元年（公元五六五年）十一月六日，第9册240页]

1.3.53 君家藉孝悌，门资礼让，实弘世载，推薄居厚，综涉孔墨，雅尚纲维，历览申韩，颇存纲目。[《汉魏六朝碑刻校注》一二二四《崔昂墓志》，北齐天统二年（公

元五六六年)二月十四日,第9册243页]

1.3.54 加以艺尚彤文,才兼清绮,遒辞超宝钗之作,美韵掩团扇之篇。[《汉魏六朝碑刻校注》一二三一《尧峻妻吐谷浑静媚墓志》,北齐天统三年(公元五六七年)二月二十日,第9册262页]

1.3.55 真草之书,拟蔡琰之前辙;诗赋之美,袭左芬而罕愧。取验彤管之篇,以从牉合之礼。[《汉魏六朝碑刻校注》一二四七《蔡府君妻袁月玑墓志》,北齐天统五年(公元五六九年)七月二十一日,第9册305页]

1.3.56 年初志学,许以大成,弹冠应命,果资远略。[《汉魏六朝碑刻校注》一二九六《高建妻王氏墓志》,北齐武平四年(公元五七三年)十月十七日,第10册26页][补记:高建是北齐神武帝高欢的"再从弟"。]

1.3.57 幼存远度,少建高□。□过七步之贤,才超五行之俊。[《汉魏六朝碑刻校注》一三〇五《□昌墓志》,北齐武平五年(公元五七四年)九月十日,第10册50页]

1.3.58 爰自髫剪,迄乎奇角,绰然有裕,卓尔无朋。陈王惭其七步,刘德愧其千里。[《汉魏六朝碑刻校注》一三二三《高润墓志》,北齐武平七年(公元五七六年)二月十一日,第10册101页][补记:高润是北齐神武帝高欢第十四子。]

1.3.59 太妃门藉旧风,庭禀师训。……妇德绝伦,不俟图书之益；嫔仪向秀，岂劳珥簪之光。[《汉魏六朝碑刻校注》一三二五《赵奉伯妻傅华墓志》，北齐武平七年（公元五七六年）五月七日，第 10 册 105 页]

1.3.60 幼承师训，早擅家风。容止端华，掺尚明远，俯仰折旋，动合嫔则。披寻典记，顾问图史，初有尚书之号，卒得博士之名。[《汉魏六朝碑刻校注》一三二八《李希宗妻崔幼妃墓志》，北齐武平七年（公元五七六年）十一月七日，第 10 册 112 页]

二、特点

东魏、北齐人物共计 60 人，其中男性 50 人、女性 10 人，30 人源自传世文献，29 人源自出土文献，1 人两种文献都有记载。接受的语文教育有以下特点：

1. 东魏、北齐人物的语文早教平均年龄，要晚于梁、陈，说明六世纪南方的文教比北方发达。

2. 阅读对象以儒学为主，整体上阅读玄学著作的人物少于南方。

3. 私人讲学多，游学风气盛，例如 1.3.22 李铉师从四人学习。

4. 传世文献较少记载女性所受的语文教育，出土文献较多。

第四节 西魏、北周人物接受的语文教育

一、史事

先列传世文献，再列出土文献所记人物事迹，按顺序是《周书》《庾子山集注》《续高僧传》《册府元龟》《汉魏六朝碑刻校注》，以《北史》《魏晋南北朝墓志汇编》《汉魏南北朝墓志集释》对照。由于西魏建立于535年，六世纪已经过去了30多年，出生年月不能确定的人物也选用。

1.4.1 幼而好学，博览群书，善属文，词彩温丽。(《北周书》卷四《明帝纪》)

1.4.2 少与高祖俱受《诗》、《传》，咸综机要，得其指归。(《北周书》卷十二《齐炀王宇文宪传》)

1.4.3 少聪敏，涉猎经史，尤便骑射。始读《孝经》，便谓人曰："读此一经，足为立身之本。"(《北周书》卷十二《宇文贵传》)

1.4.4 宋献公震，字弥俄突。幼而敏达，年十岁，诵《孝经》、《论语》、《毛诗》。后与世宗俱受《礼记》、《尚书》于卢诞。(《北周书》卷十三《宋献公宇文震传》)

1.4.5 赵僭王招，字豆卢突。幼聪颖，博涉群书，好属文。学庾信体，词多轻艳。(《北周书》卷十三《赵僭王宇文招传》)

1.4.6（贺兰）祥年十一而孤，居丧合礼。长于舅氏，特为太祖所爱。虽在戎旅，常博延儒士，教以书传。（《北周书》卷二十《贺兰祥传》）

1.4.7（柳）庆幼聪敏，有器量。博涉群书，不治章句。好饮酒，闲于占对。年十三，因曝书，僧习谓庆曰："汝虽聪敏，吾未经特试。"乃令庆于杂赋集中取赋一篇，千有余言。庆立读三遍，便即诵之，无所遗漏。（《北周书》卷二十二《柳庆传》）

1.4.8 少聪颖，亦善草隶，博涉群书，辞彩雅赡。（《北周书》卷二十二《柳弘传》）

1.4.9（苏）绰少好学，博览群书，尤善算术。（《北周书》卷二十三《苏绰传》）

1.4.10 九岁，从师受业，略观大旨而已，不寻章句。或谓之曰："学不精勤，不如不学。"贤曰："夫人各有志，贤岂能强学待问，领徒授业耶！唯当粗闻教义，补己不足。至如忠孝之道，实铭之于心。"问者惭服。（《北周书》卷二十五《李贤传》）

1.4.11（斛斯）征幼聪颖，五岁诵《孝经》、《周易》，识者异之。（《北周书》卷二十六《斛斯征传》）

1.4.12 少从范阳祁忻受《毛诗》、《左氏春秋》，略通大义。（《北周书》卷三十《窦炽传》）

1.4.13（柳）敏九岁而孤，事母以孝闻。性好学，涉猎经史，阴阳卜筮之术，靡不习焉。（《北周书》卷三十二

《柳敏传》)

1.4.14(苏)亮少通敏,博学,好属文,善章奏。初举秀才,至洛阳,遇河内常景。景深器之,退而谓人曰:"秦中才学可以抗山东者,将此人乎。"(《北周书》卷三十八《苏亮传》)

1.4.15 年十三,便专精好学。时贵游子弟就学者,并车服华盛,唯虯不事容饰。遍受《五经》,略通大义,兼博涉子史,雅好属文。(《北周书》卷三十八《柳虯传》)

1.4.16 年十四,受学于徐遵明。长于论难。诸生为之语曰:"讲《书》论《易》,其锋难敌。"(《北周书》卷三十八《吕思礼传》)

1.4.17 幼年已解属文,有声洛下。时洛阳创置明堂,昶年十数岁,为《明堂赋》。虽优洽未足,而才制可观。(《北周书》卷三十八《李昶传》)

1.4.18(元)伟少好学,有文雅。(《北周书》卷三十八《元伟传》)

1.4.19(辛)庆之少以文学征诣洛阳,对策第一,除秘书郎。(《北周书》卷三十九《辛庆之传》)

1.4.20(颜)之仪幼颖悟,三岁能读《孝经》。及长,博涉群书,好为词赋。尝献《神州颂》,辞致雅赡。(《北周书》卷四十《颜之仪传》)

1.4.21(庾)信幼而俊迈,聪敏绝伦。博览群书,尤善《春秋左氏传》。(《北周书》卷四十一《庾信传》)

1.4.22 年十二，入国学，博观经史，雅好属文。(《北周书》卷四十二《萧捴传》)

1.4.23 萧大圜，字仁显，梁简文帝之子也。幼而聪敏，神情俊悟。年四岁，能诵《三都赋》及《孝经》、《论语》。(《北周书》卷四十二《萧大圜传》)

1.4.24(宗)懔少聪敏，好读书，昼夜不倦。语辄引古事，乡里呼为小儿学士。(《北周书》卷四十二《宗懔传》)

1.4.25 幼而聪慧，占对俊辩，宾客见者，皆号神童。……年十岁能属文，十二通《五经》。(《北周书》卷四十二《刘祥传》)

1.4.26(泉)元礼少有志气，好弓马，颇闲草隶，有士君子之风。(《北周书》卷四十四《泉元礼传》)

1.4.27 熊安生，字植之，长乐阜城人也。少好学，励精不倦。初从陈达受《三传》，又从房虬受《周礼》，并通大义。后事徐遵明，服膺历年。(《北周书》卷四十五《熊安生传》)

1.4.28 公弱龄早慧，幼学夙成，……始游庠序，不无儒者之荣；或见兵书，遂有风云之志。(《庾子山集注・周兖州刺史广饶公宇文公神道碑》，911页)

1.4.29 公龆龀知礼，早年驰誉。就经黉舍，略见书堂；习武书栏，偏知剑术。虽复年犹小学，已为儒者所称；位在偏裨，即入将军之赏。(《庾子山集注・周大将

军上开府广饶公郑常墓志铭》,983页)

1.4.30 八岁能诗书。(《续高僧传》卷第十七《周涌阳仙城山善光寺释慧命》)

1.4.31 后周檀翥,字凤翔,高平金乡人。六世祖毓,晋步兵校尉;父江,始还北,任至太常少卿。翥十岁丧父,还京师宅,与营人杂居。幼孤寒,不与邻人来往,好读书,解属文,能鼓琴,早为琅琊王诵所知。(《册府元龟》卷七百七十五《幼敏第三》)

1.4.32 李昶,顿邱临黄人,小名那。祖彪,名重魏朝,为御史中尉;父游,亦有才行,为当世所称。游兄志为荆州刺史,游从至州,属尔朱之乱,与志俱奔江左。昶性峻急,不杂交游,幼年已解属文,有声洛下。时洛阳创置明堂,昶年十数岁,为《明堂赋》,虽优洽未足,才制可称,观者咸曰有家风矣。(《册府元龟》卷七百七十五《幼敏第三》)

1.4.33 勗身励己,恒以贞苦自居。素业清猷,峨然独远,学统三坟,字并六体。若其尊重师傅,访问诗史,先人后己,履信思顺。[《汉魏六朝碑刻校注》一〇五三《邓子询墓志》,西魏大统十二年(公元五四六年)正月二十九日,第8册189页]

1.4.34 箴规图史,分在难言;流略子集,皆所涉猎。[《汉魏六朝碑刻校注》一三五六《王士良妻董荣晖墓志》,北周保定五年(公元五六五年)十一月五日,第10

册194页]

1.4.35 三坟五典之说，莫不原始要终；匡时济俗之方，固亦同于指掌。[《汉魏六朝碑刻校注》一三六九《郑术墓志》，北周天和四年(公元五六九年)十二月十七日，第10册236页]

1.4.36.1 九日登高，乍铭秋菊；三元告始，或诵春书。[《汉魏六朝碑刻校注》一三七八《步六孤须蜜多墓志》，北周建德元年(公元五七二年)十一月十一日，第10册259页]

1.4.36.2 九日登高，作铭秋菊；三元告始，或颂春椒。(《庾子山集注·周谯国公夫人步陆孤氏墓志铭》，第1028页)

1.4.37 年在志学，闻知稍远。虽复道受胶庠之馆，时游伽蓝之寺。[《汉魏六朝碑刻校注》一三八三《张僧妙法师碑》，北周建德三年(公元五七四年)，第10册275页]

1.4.38 君禀训过庭，闻诗学礼，幼称令望，时号无双。[《汉魏六朝碑刻校注》一三八八《韦彪墓志》，北周建德五年(公元五七六年)十一月九日，第10册259页]

1.4.39 幼而雄勇，画九宫之图；弱不好弄，体《三略》之解。[《汉魏六朝碑刻校注》一三九一《若干云墓志》，北周宣政元年(公元五七八年)四月十二日，第10册305页]

1.4.40 公幼而秀异，风神闲绰，资忠履孝，游艺依仁。学穷书府，则百遍留目；词逸翰林，则千赋在手。比之曾子、张霸，恧其高踪；譬以颜回、黄宪，惭其实录。[《汉魏六朝碑刻校注》一三九四《宇文瓘墓志》，北周宣政元年（公元五七八年）四月二十四日，第10册310页][补记：宇文瓘事迹见《周书》卷三一、《北史》卷六四，作“韦瓘”。]

1.4.41 一游庠序，载服青衿。神童之号远扬，龙驹之誉斯奋。[《汉魏六朝碑刻校注》一四〇三《崔默宣墓志》，北周大象元年（公元五七九年）十月二十六日，第10册335页]

1.4.42 思奋纵横，辞历霜雪。应刘在于度内，庄老不异人心。贵仕高才，向风俱靡。[《汉魏六朝碑刻校注》一四〇四《封孝琰墓志》，北周大象元年（公元五七九年）十月二十七日，第10册337页]

1.4.43 就学女史，观图内则。[《汉魏六朝碑刻校注》一四一二《元寿妃卢兰墓志》，北周大象二年（公元五八〇年）十一月二十日，第10册355页]

二、特点

东魏、北齐人物共计43人，其中男性40人、女性3人，32人源自传世文献，10人源自出土文献，1人两种文献都有记载，接受的语文教育与东魏、北齐的相同。但是在阅读对象方面与东魏、北齐比，出现的具体书籍名称更少，说明西魏、北周的文教起点更低。

第五节　隋朝人物接受的语文教育

一、史事

先列传世文献，再列出土文献所记人物事迹，按顺序是《隋书》《续高僧传》《隋代墓志铭汇考》，以《北史》《魏晋南北朝墓志汇编》《汉魏南北朝墓志集释》对照。

1.5.1 年十一，诣周赵王招，王命之赋诗。宣敏为诗，甚有幽贞之志。王大奇之，坐客莫不嗟赏。（《隋书》卷三十九《于宣敏传》）

1.5.2 少受业国子学，略涉文艺。（《隋书》卷三十九《豆卢勣传》）

1.5.3（高）颎少明敏，有器局，略涉书史，尤善词令。（《隋书》卷四十一《高颎传》）

1.5.4（苏）夔字伯尼，少聪敏，有口辩。八岁诵诗书，兼解骑射。年十三，从父至尚书省，与安德王雄驰射，赌得雄骏马而归。十四诣学，与诸儒论议，词致可观，见者莫不称善。（《隋书》卷四十一《苏夔传》）

1.5.5（李）德林幼聪敏，年数岁，诵左思《蜀都赋》，十余日便度。高隆之见而嗟叹，遍告朝士，云："若假其年，必为天下伟器。”邺京人士多就宅观之，月余，日中车马不绝。年十五，诵五经及古今文集，日数千言。（《隋书》卷四十二《李德林传》）

1.5.6（杨）尚希龆龀而孤。年十一，辞母请受业长安。涿郡卢辩见而异之，令入太学，专精不倦，同辈皆共推伏。（《隋书》卷四十六《杨尚希传》）

1.5.7（韦）师少沉谨，有至性。初就学，始读《孝经》，舍书而叹曰：“名教之极，其在兹乎！”（《隋书》卷四十六《韦师传》）

1.5.8 龆龀就学，日诵千言，见者奇之。九岁丁父忧，哀毁过礼，殆将灭性。及免丧之后，绝庆吊，闭户读书。数年之间，博涉书记。（《隋书》卷四十六《杨异传》）

1.5.9（韩）擒虎少慷慨，以胆略见称，容貌魁岸，有雄杰之表。性又好书，经史百家皆略知大旨。（《隋书》卷五十二《韩擒虎传》）

1.5.10（贺若）弼少慷慨有大志，骁勇便弓马，解属文，博涉书记，有重名于当世。（《隋书》卷五十二《贺若弼传》）

1.5.11（史）万岁少英武，善骑射，骁捷若飞。好读兵书，兼精占候。（《隋书》卷五十三《史万岁传》）

1.5.12（崔）彭少孤，事母以孝闻。性刚毅，有武略，工骑射。善《周官》、《尚书》，略通大义。……彭曰：“臣少爱《周礼》、《尚书》，每于休沐之暇，不敢废也。”（《隋

书》卷五十四《崔彭传》)

1.5.13(薛)胄少聪明,每览异书,便晓其义。常叹训注者不会圣人深旨,辄以意辩之,诸儒莫不称善。(《隋书》卷五十六《薛胄传》)

1.5.14(薛)道衡六岁而孤,专精好学。年十三,讲《左氏传》,见子产相郑之功,作《国侨赞》,颇有词致,见者奇之。(《隋书》卷五十七《薛道衡传》)

1.5.15(明)克让少好儒雅,善谈论,博涉书史,所览将万卷。《三礼》礼论,尤所研精,龟策历象,咸得其妙。年十四,释褐湘东王法曹参军。时舍人朱异在仪贤堂讲《老子》,克让预焉。堂边有修竹,异令克让咏之。克让揽笔辄成。(《隋书》卷五十八《明克让传》)

1.5.16(魏)澹年十五而孤,专精好学,博涉经史,善属文,词采赡逸。(《隋书》卷五十八《魏澹传》)

1.5.17(陆)爽少聪敏,年九岁就学,日诵二千余言。(《隋书》卷五十八《陆爽传》)

1.5.18(辛)德源沉静好学,年十四,解属文。(《隋书》卷五十八《辛德传》)

1.5.19(许)善心九岁而孤,为母范氏所鞠养。幼聪明有思理,所闻辄能诵记,多闻默识,为当世所称。家有旧书万余卷,皆遍通涉。十五解属文,笺上父友徐陵,陵大奇之。(《隋书》卷五十八《许善心传》)

1.5.20(于)仲文少聪敏,髫龀就学,耽阅不倦。其父异之曰:“此儿必兴吾宗矣。”九岁,尝于云阳宫见周太祖,太祖问曰:“闻儿好读书,书有何事?”仲文对曰:“资父事君,忠孝而已。”太祖甚嗟叹之。其后就博士李祥受《周易》、《三礼》。略通大义。(《隋书》卷六十《于仲文传》)

1.5.21(王)辩少习兵书,尤善骑射,慷慨有大志。(《隋书》卷六十四《王辩传》)

1.5.22(周)罗睺年十五,善骑射,好鹰狗,任侠放荡,收聚亡命,阴习兵书。(《隋书》卷六十五《周罗睺传》)

1.5.23(周)法尚少果劲有风概,好读兵书。(《隋书》卷六十五《周法尚传》)

1.5.24 年十二,能属文,尝和湘东王绎诗,绎嗟赏不已。(《隋书》卷六十六《鲍宏传》)

1.5.25(郎)茂少敏慧,七岁诵《骚》、《雅》,日千余言。十五师事国子博士河间权会,受《诗》、《易》、《三礼》及玄象、刑名之学。又就国子助教长乐张率礼受《三传》群言,至忘寝食。家人恐茂成病,恒节其灯烛。(《隋书》卷六十六《郎茂传》)

1.5.26(房)彦谦早孤,不识父,为母兄之所鞠养。长兄彦询,雅有清鉴,以彦谦天性颖悟,每奇之,亲教读书。年七岁,诵数万言,为宗党所异。(《隋书》卷六十六《房彦谦传》)

1.5.27(虞)世基幼沉静,喜愠不形于色,博学有高才,兼善草隶。(《隋书》卷六十七《虞世基传》)

1.5.28(辛)公义早孤,为母氏所养,亲授书传。(《隋书》卷七十三《辛公义传》)

1.5.29(元)善少随父至江南,性好学,遂通涉五经,尤明《左氏传》。(《隋书》卷七十五《元善传》)

1.5.30(何)妥少机警,八岁游国子学,助教顾良戏之曰:"汝既姓何,是荷叶之荷,为是河水之河?"应声答曰:"先生姓顾,是眷顾之顾,是新故之故?"(《隋书》卷七十五《何妥传》)

1.5.31 房晖远,字崇儒,恒山真定人也。世传儒学。晖远幼有志行,治《三礼》、《春秋三传》、《诗》、《书》、《周易》,兼善图纬。(《隋书》卷七十五《房晖远传》)

1.5.32 少与河间刘炫结盟为友,同受《诗》于同郡刘轨思,受《左传》于广平郭懋常,问《礼》于阜城熊安生,皆不卒业而去。(《隋书》卷七十五《刘焯传》)

1.5.33 刘炫,字光伯,河间景城人也。少以聪敏见称,与信都刘焯闭户读书,十年不出。(《隋书》卷七十五《刘炫传》)

1.5.34 少与范阳卢思道、陇西辛德源同志友善。每以读书为务,负恃才地,忽略世人。大署其户曰:"不读五千卷书者,无得入此室。"数年之间,遂博览群言,多所通涉。解属文。(《隋书》卷七十六《崔儦传》)

1.5.35(诸葛)颍年八岁,能属文。(《隋书》卷七十六《诸葛颍传》)

1.5.36(孙)万寿年十四,就阜城熊安生受五经,略通大义,兼博涉子史。善属文,美谈笑。(《隋书》卷七十六《孙万寿传》)

1.5.37 王贞,字孝逸,梁郡东留人也。少聪敏,七岁好学,善《毛诗》、《礼记》、《左氏传》、《周易》,诸子百家,无不毕览。(《隋书》卷七十六《王贞传》)

1.5.38 潘徽,字伯彦,吴郡人也。性聪敏,少受《礼》于郑灼,受《毛诗》于施公,受《书》于张冲,讲《庄》、《老》于张讥,并通大义。尤精三史。善属文,能持论。(《隋书》卷七十六《潘徽传》)

1.5.39 杜正玄,字慎徽,其先本京兆人,八世祖曼,为石赵从事中郎,因家于邺。自曼至正玄,世以文学相授。正玄尤聪敏,博涉多通。兄弟数人,俱未弱冠,并以文章才辨籍甚三河之间。(《隋书》卷七十六《杜正玄传》)

1.5.40(崔)赜字祖浚,七岁能属文,容貌短小,有口才。(《隋书》卷七十七《崔赜传》)

1.5.41 张文诩,河东人也。父琚,开皇中为洹水令,以清正闻。有书数千卷,教训子侄,皆以明经自达。文诩博览文籍,特精《三礼》,其《周易》、《诗》、《书》及《春秋三传》,并皆通习。(《隋书》卷七十七《张文诩传》)

1.5.42 徐则，东海郯人也。幼沉静，寡嗜欲。受业于周弘正，善三玄，精于议论。(《隋书》卷七十七《徐则传》)

1.5.43(庾)季才幼颖悟，八岁诵《尚书》，十二通《周易》，好占玄象。(《隋书》卷七十八《庾季才传》)

1.5.44 庾质，字行修，少而明敏，早有志尚。八岁诵梁世祖《玄览》、《言志》等十赋，拜童子郎。(《隋书》卷七十八《庾质传》)

1.5.45 七岁诣学，日诵数千言，州里号曰神童。(《隋书》卷七十八《卢太翼传》)

1.5.46 年登六岁便知受戒，父母强之誓心无毁，寻授章本及以千文，不盈晦朔，书诵俱了，至于《孝经》、《论语》，才读文词，兼明注解，由是二亲偏爱望嗣门风。年七岁启父出家。(《续高僧传》卷第九《隋相州演空寺释灵裕》)

1.5.47 释智琳，姓闾丘氏，高平防舆人也。祖俨闲居傲世，考昙珍梁国常侍。琳弱龄，处士卞诠擅名当世，年在幼学服膺请业，《礼》、《易》、《庄》、《老》，悉穷幽致，诠嘉其早慧，命曰希世神童也。(《续高僧传》卷第十《隋丹阳仁孝道场释智琳》)

1.5.48 释智舜，俗姓孟，赵州大陆人。少为书生，博通丘索工书善说。(《续高僧传》卷第十七《隋赵郡障洪山释智舜》)

1.5.49 年十三父母嘉其远悟，令舅氏传授，即齐中散大夫国子祭酒博士权会也。会备练六经偏究《易》道，剖卦析爻妙穷象系，奇迁精采，乃先授以《周易》，初受八卦相生，随言即晓。（《续高僧传》卷第十八《隋西京禅定道场释昙迁》）

1.5.50 齿胄之初，横经就业，故于六经三史皆所留心。（《续高僧传》卷第十八《隋西京慈门道场释本济》）

1.5.51 公幼有令望，门好儒雅，伏膺文雅，过目必记。阴阳术数，经纬群言，探索幽深，尽诣宗极。时燕赵数乱，坟素无遗。公家有旧书，学又博静。大儒徐遵明闻而远志，诣门请友。呼沲之侧，别构精庐，共业同心，声猷俱盛。[《隋代墓志铭汇考》042《李敬族志》，第一册172—173页。隋开皇六年（公元五八六年）正月三十日]

1.5.52 年在志学，鼓箧师门，寓目丘坟，略窥梗概。[《隋代墓志铭汇考》046《裴子休志》，第一册187页。隋开皇六年（公元五八六年）九月十九日]

1.5.53 幼清警，十余岁，便有鉴识。与善人交，胸襟豁如。好书史，便文牍，明解释义，言论入微。[《隋代墓志铭汇考》068《韦略志》，第一册263页。隋开皇八年（公元五八八年）十二月十四日]

1.5.54 君生即聪敏，心爱琴书。五经通在志学之年，百藉明于加冠之岁。[《隋代墓志铭汇考》093《韩智志》，第一册363页。隋开皇九年（公元五八九年）十一

月二十日]

1.5.55 玩习刀剑，研磨经史，独晤报应之源，尤精空有之说。[《隋代墓志铭汇考》106《朱尔敞志》，第二册18页。隋开皇十一年(公元五九一年)十一月二十四日]

1.5.56 公育自椒房，长于戚里，台教所得，学不因师。[《隋代墓志铭汇考》159《斛律徹志》，第二册249页。隋开皇十七年(公元五九七年)八月十七日]

1.5.57 及乎学极书林，遍观古今，府穷万物之廓，高谈百氏之源，有类悬河，似开天纵。[《隋代墓志铭汇考》179《王幹志》，第二册327页。隋开皇二十年(公元六〇〇年)三月十三日]

1.5.58 及离怀抱，言归师傅。造次求箴，斯须蹈礼。精思坟典，留心述作。是知真草两工，非唯蔡女；才器双美，岂独曹妻。[《隋代墓志铭汇考》258《陆君妻高善德志》，第三册218页。隋大业三年(公元六〇七年)二月五日][补记：高善德之祖是北齐神武帝高欢，其父是孝昭帝高演。]

1.5.59 一[illegible]其峰岩，三冬富其文史，是以名优庠序，行穆闺庭。[《隋代墓志铭汇考》261《浩喆志》，第三册226页。隋大业三年(公元六〇七年)四月七日]

1.5.60 兼以好学等于刘安，修文同于曹植。……至于服阕，每读《孝经》，见事父孝，事天明，未尝不废书而泣涕。[《隋代墓志铭汇考》265《陈叔兴志》，第三册

239页。隋大业三年(公元六〇七年)六月七日][补记:陈叔兴是南朝陈宗室。]

1.5.61 艺穷博涉,学耻纯儒,射得王围之谱,书传卫恒之势。[《隋代墓志铭汇考》269《杨宝志》,第三册267页。隋大业三年(公元六〇七年)八月二十六日][补记:杨宝志是北齐文林馆客。]

1.5.62 博极群书,尤明篆籀。洞闲钟律,妙善丹青。[《隋代墓志铭汇考》284《□弘越暨妻庞氏志》,第三册316页。隋大业三年(公元六〇七年)十二月十日]

1.5.63 流镜图史,令淑神姿,宪章彤管,幽闲雅操。秉兹箓烛,心有慎微,御以温凉,容无悫愠。览《葛覃》之咏,躬勤浣濯;吟《绿衣》之篇,劬劳紃组。词发花椒之颂,文摛《秋菊》之铭。[《隋代墓志铭汇考》306《李春妻刘婉华志》,第四册29页。隋大业六年(公元六一〇年)正月二十日]

1.5.64 年逾髫龀,宿外从师,则能仰太山,杖梁木,贱尺璧,贵寸阴,声振东胶,名芳西序。[《隋代墓志铭汇考》322《杨秀志》,第四册89页。隋大业六年(公元六一〇年)十月八日]

1.5.65 弱龄庠序,读百遍之书;厕染朝流,秉三尺之律。[《隋代墓志铭汇考》343《郑謇志》,第四册177页。隋大业七年(公元六一一年)十一月二十一日]

1.5.66 君幼而聪慜,性爱宾游,研咏《诗》、《骚》,敦

寻篇册。[《隋代墓志铭汇考》356《徐志竦志》,第四册224页。隋大业八年(公元六一二年)三月二十一日]

1.5.67 君幼怀果决,早蕴宏奇,博涉兵书,尤工骑射。[《隋代墓志铭汇考》408《宋文成志》,第五册32页。隋大业十年(公元六一四年)三月九日]

1.5.68 发言气润,泽似芳月之垂云;奋笔花开,焕若春风之动树。……记同覆诏,憋等背碑。[《隋代墓志铭汇考》426《袁亮志》,第五册92页。隋大业十年(公元六一四年)十一月二十七日]

1.5.69 髫龄岐嶷,已有怀橘之情;幼学滑稽,遂过称象之智。[《隋代墓志铭汇考》434《明云腾志》,第五册126页。隋大业十一年(公元六一五年)二月九日]

1.5.70 年才三四,则《女诫》是耽;齿将十五,则妇仪暗孰。[《隋代墓志铭汇考》444《张志相妻潘善利志》,第五册173页。隋大业十一年(公元六一五年)五月九日]

1.5.71 及其离经辩志,从师问道,五行俱下,三冬足用。素王笔削,黄石兵书,莫不悬穷显晦,暗鉴胜负。[《隋代墓志铭汇考》466《李元暨妻邓氏志》,第五册290页。隋大业十二年(公元六一六年)二月三日]

1.5.72 君少忻戎旅,偿班超之愿;幼冀儒心,尚孙弘之学。[《隋代墓志铭汇考》499《孟尝暨妻吕氏赵氏志》,第五册419页。隋大业十三年(公元六一七年)十月八日]

二、特点

隋朝人物共计72人,其中男性66人、女性6人,50人源自传世文献。22人源自出土文献。接受的语文教育有以下特点:

1. 隋代人物接受语文教育的时候,分别在前代北周、北齐和陈,兼有前面三朝语文教育的特点。

2. 隋代阅读面更广,有较多人物阅读兵书,例如1.5.21王辩“少习兵书”,1.5.22周罗睺“阴习兵书”,1.5.23周法尚“好读兵书”。也有读其他著作的,1.5.31房晖远“兼善图纬”。

第六节　唐初人物接受的语文教育

一、史事

先列传世文献,再列出土文献所记人物事迹,按顺序是《旧唐书》《新唐书》《册府元龟》《唐代墓志汇编》《唐代墓志汇编续集》,所有人物生于590年之前。由于唐代建立于618年,出生年月不能确定的人物则不选用。

1.6.1(温)彦博幼聪悟,有口辩,涉猎书记。(《旧唐书》卷六十一《温彦博传》)

1.6.2 陈叔达,字子聪,陈宣帝第十六子也。善容止,颇有才学,在陈封义阳王。年十余岁,尝侍宴,赋诗十韵,援笔便就,仆射徐陵甚奇之。(《旧唐书》卷六十一

《陈叔达传》）

1.6.3（房）玄龄幼聪敏，博览经史，工草隶，善属文。（《旧唐书》卷六十六《房玄龄传》）

1.6.4（虞）世南性沉静寡欲，笃志勤学，少与兄世基受学于吴郡顾野王，经十余年，精思不倦，或累旬不盥栉。善属文，常祖述徐陵，陵亦言世南得己之意。又同郡沙门智永，善王羲之书，世南师焉，妙得其体，由是声名籍甚。（《旧唐书》卷七十二《虞世南传》）

1.6.5.1 七岁解属文。父友齐中书舍人陆乂、马元熙尝造德林宴集，有读徐陵文者，云“既取成周之禾，将刈琅邪之稻”，并不知其事。百药时侍立，进曰：“《传》称‘鄅人藉稻’。杜预《注》云‘鄅国在琅邪开阳’。”乂等大惊异之。（《旧唐书》卷七十二《李百药传》）

1.6.5.2 七岁能属文，父友陆乂等共读徐陵文，有“刈琅邪之稻”之语，叹不得其事。百药进曰：“《春秋》‘鄅子藉稻’，杜预谓在琅邪。”客大惊，号奇童。（《新唐书》卷一百二《李百药传》）

1.6.5.3 李百药，字重规，博陵安平人。父德林，仕隋内史令。百药幼而聪敏，年数岁，德林于灯下教以四声，一闻便解。七岁颇能属文，齐中书舍人陆乂尝过德林宴集，有诵徐陵文者，云将“刈琅琊之稻”。坐客并不识其事，百药进曰：“传称鄅人籍稻。杜预注云：‘鄅国在琅琊开阳县。’”乂等惊喜，云“此儿神童也”。官至宗正

卿。(《册府元龟》卷七百七十五《幼敏第三》)

1.6.6(褚)亮幼聪敏好学,善属文。博览无所不至,经目必记于心。(《旧唐书》卷七十二《褚亮传》)

1.6.7 姚思廉,字简之,雍州万年人。父察,陈吏部尚书;入隋,历太子内舍人、秘书丞、北绛公,学兼儒史,见重于三代。陈亡,察自吴兴始迁关中。思廉少受汉史于其父,能尽传家业。(《旧唐书》卷七十三《姚思廉传》)

1.6.8(颜)师古少传家业,博览群书,尤精诂训,善属文。(《旧唐书》卷七十三《颜师古传》)

1.6.9.1(孔)颖达八岁就学,日诵千余言。(《旧唐书》卷七十三《孔颖达传》)

1.6.9.2 孔颖达,字仲达,冀州衡水人。八岁就学,诵记日千余言,暗记《三礼义宗》。(《新唐书》卷一百九十八《孔颖达传》)

1.6.10 周武帝时,世长年十余岁,上书言事。武帝以其年小,召问:"读何书?"对曰:"读《孝经》、《论语》。"(《旧唐书》卷七十五《苏世长传》)

1.6.11 张行成,定州义丰人也。少师事河间刘炫,勤学不倦。(《旧唐书》卷七十八《张行成传》)

1.6.12 陆德明,苏州吴人也。初受学于周弘正,善言玄理。(《旧唐书》卷一百八十九《陆德明传》)

1.6.13 欧阳询,潭州临湘人,陈大司空頠之孙也。父纥,陈广州刺史,以谋反诛。询当从坐,仅而获免。陈尚书令江总与纥有旧，收养之，教以书计。虽貌甚寝陋，而聪悟绝伦，读书即数行俱下，博览经史，尤精《三史》。（《旧唐书》卷一百八十九《欧阳询传》）

1.6.14 张士衡，瀛州乐寿人也。父之庆，齐国子助教。士衡九岁丧母，哀慕过礼。父友齐国博士刘轨思见之，每为掩泣。谓其父曰："昔伯饶号'张曾子'，亦岂能远过！吾闻君子不亲教，当为成就之。"及长，轨思授以《毛诗》、《周礼》，又从熊安生及刘焯受《礼记》，皆精究大义。（《旧唐书》卷一百八十九《张士衡传》）

1.6.15（孔绍安）少与兄绍新，俱以文词知名。十三，陈亡入隋，徙居京兆鄠县。闭门读书，诵古文集数十万言，外兄虞世南叹异之。（《旧唐书》卷一百九十《孔绍安传》）

1.6.16 贺德仁，越州山阴人也。父朗，陈散骑常侍。德仁少与从兄基俱事国子祭酒周弘正，咸以词学见称。时人语曰："学行可师贺德基，文质彬彬贺德仁。"（《旧唐书》卷一百九十《贺德仁传》）

1.6.17.1 孙思邈，京兆华原人也。七岁就学，日诵千余言。（《旧唐书》卷一百九十一《孙思邈传》）

1.6.17.2 孙思邈，京兆华原人。通百家说，善言《老子》、《庄周》。（《新唐书》卷一百九十六《孙思邈传》）

1.6.18 君竭情庠序，立志丘坟（《唐代墓志汇编》贞观016《故蒲州河东县令李府君墓志铭》，贞观四年十一

月廿一日,20页)

1.6.19 君胎教有成,幼而岐嶷,出就外傅,无俟三冬。(《唐代墓志汇编》贞观022,《大唐故开府仪同三司刘君墓志铭》,贞观五年七月十五日,23页)

1.6.20 百遍精于典坟,三冬富于文史。谐韵同律吕,铿锵等金石。辞锋笔杪,超绝侪伦,茂实英声,腾飞已远。(《唐代墓志汇编》贞观037,《故隋阳平郡发干县主簿郭君墓志铭并序》,贞观八年正月十二日,33页)

1.6.21 学该屈宋,算越孙宏,名誉早彰。(《唐代墓志汇编》贞观092,《君讳宾字士外太原祁人也》,贞观十七年十一月十四日,67页)

1.6.22 龆龀之岁,已高蹈玄门;童稚诵维摩经、无量寿经、胜鬘经,转一切经一遍,夕晨无暇,诵习如流。(《唐代墓志汇编》贞观116,《禅师讳静感俗□□氏陇西敦煌人也》,贞观廿年三月廿七日,82页)

1.6.23 父宝,学艺明敏,志业优长,隋开皇中应诏举秀才,任汲郡朝歌县丞。君少挹家风,长多文艺。三坟五典,莫不深研;七略百家,事同抵掌。[《唐代墓志汇编》贞观122,《李(护)墓铭》,贞观廿年六月一日,85页]

1.6.24 君禀气爱敬,友于自然,习礼闻诗,言行可纪。至于弱冠,任国学生。(《唐代墓志汇编》贞观158,《唐故郢州参军事胡府君墓志铭并序》,贞观廿二年十二月廿四日,108—109页)

1.6.25 龆龀之岁，世号神童；二八青衿，时称重席。五经玄览，德祖愧其博闻；百氏俱批，马迁惭其远略。(《唐代墓志汇编》贞观164，《唐故郢州参军事胡府君墓志铭并序》，贞观廿二年十二月廿四日，113页)

1.6.26 幼年砥砺，弱岁飞声，鼓笔海之波澜，竦词林之条干。[《唐代墓志汇编》永徽004，《大唐乐(达)君墓志》，永徽元年四月廿九日，133页]

1.6.27 君少而明敏，早挺珪璋。阅礼敦诗，既奉过庭之训；昏定晨省，无亏温凊之方。[《唐代墓志汇编》永徽047，《唐故归州兴山县丞皇甫(德相)君墓志铭》，永徽三年六月四日，161页]

1.6.28 于是学综儒部，同西河之拟仲尼；智该武库，诵黄茧而知绝妙。[《唐代墓志汇编》永徽114，《唐故杨(贵)君墓志铭》，永徽五年九月廿五日，205页]

1.6.29 于是师儒味道，訚訚于礼经；习武弯弧，侃侃于志勇。[《唐代墓志汇编》永徽119，《唐故行爱州司马骑都尉李(强)君墓志铭并序》，永徽六年正月十一日，208页]

1.6.30 夫人禀质端庄，天资婉顺，班家名教，德著官闱；蔡氏门风，艺兼真草。(《唐代墓志汇编续集》武德002《夫人讳□字耶书京兆万年人也》，上海古籍出版社2001年，武德三年二月八日，第3页)

1.6.31 君幼渐庭训，早游庠序，以仁求己，以德庇身,战战怀孝敬之心,温温有恭人之貌。艺兼刀笔,学综经史。[《唐代墓志汇编续集》贞观 004,《唐故大将军主客郎中蓨县男李(立言)君墓志铭》,贞观五年二月六日,第 10 页]

1.6.32 幼播神童之名,早流材子之誉。艺业家训,诗书庭禀。[《唐代墓志汇编续集》贞观 012,《大唐故度支郎中彭(师德)府君墓志铭并序》,贞观十年四月十三日,第 15 页]

1.6.33 温枕扇席,率由斯至;趋庭禀训,造次必彰。笃志儒林,掏深泉涌,留襟文苑,绚藻霞舒。以秀才升第,调国子学生。[《唐代墓志汇编续集》贞观 016,《隋故仪同□□兖州长史徐(纯)府君墓志并序》,贞观十年四月十三日,第 18 页]

1.6.34 君夙禀粹灵,早标今誉,循礼而动,非法不言。故使玉叶金柯,匪独擅于崔琰;博览传记,岂专美于黄香。[《唐代墓志汇编续集》贞观 018,《大唐鲁王故友汉王府故司马徐(謩)君墓志铭并序》,贞观十一年十月廿二日,第 20 页]

二、特点

唐初人物共计 34 人,其中男性 33 人、女性 1 人,17 人源自传世文献,17 人源自出土文献。接受的语文教育有以下特点:

1.唐初人物多数在隋代接受语文教育,阅读面更广,史学著作开始更受重视。

2.在文学写作教育方面,没有突出写诗。

小　结

一、概览

以上六个朝代共计245人,普遍接受语文早教,最早的1.1.3昭明太子三岁开始阅读。源自传世文献165人,源自出土文献78人,2人(1.3.10,1.4.36)两种文献都有记载,传世文献所记比出土文献详细,前期人物事迹比后期详细。受教育者,有男性225人、女性20人,有南方人也有北方人,有皇族、士族也有平民。教育实施者有专职也有兼职。教育场所有官学也有私学。教育内容涉及蒙学、识字、书法、阅读、写作、口语训练等方面。教育读本以儒家文献为主。后面会分类探讨语文教育的各个组成部分。

二、对女性的语文教育

六世纪的女性也接受语文教育,值得格外留意。①

(一)分析

1.从知识来源看,主要有两种:

(1)专门的女性教育,施教者不详。1.3.39元延明妃冯

① 高光新:《北朝后期女性语文教育》,《唐山师范学院学报》,2020年第2期,第150页。

氏“夙承阴教”。

(2) 师傅所教。1.3.35 元湛妃王令媛“尊敬师傅”，1.3.42 高湛妻闾叱地连“尊重师傅”，1.3.59 赵奉伯妻傅华“庭禀师训”，1.3.60 李希宗妻崔幼妃“幼承师训”，1.5.58 陆君妻高善德“言归师傅”。

2. 从受教育的内容看，主要有三类：

(1) 书法教育。1.3.55 蔡府君妻袁月玑“真草之书，拟蔡琰之前辙”，1.5.58 陆君妻高善德“真草两工，非唯蔡女”，1.5.62□弘越妻庞氏“尤明篆籀”，1.6.30 夫人讳□字耶书“蔡氏门风，艺兼真草”。教的以楷书、草书为主，兼顾其他。

(2) 写作教育。1.3.54 尧峻妻吐谷浑静媚“遒辞超宝钗之作，美韵掩团扇之篇”，1.3.55 蔡府君妻袁月玑“诗赋之美”，1.4.36.2 周谯国公夫人步陆孤氏“作铭秋菊”，1.5.63 李春妻刘婉华“文摛《秋菊》之铭”。文体是六世纪盛行的诗、赋、铭。

(3) 阅读教育。精读的有 1.5.63 李春妻刘婉华“览《葛覃》之咏”“吟《绿衣》之篇”，1.5.70 张志相妻潘善利“年才三四，则《女诫》是耽”。读《诗经》《女诫》。

泛览的有 1.3.33 祖子硕妻元阿耶“留心女史，存意典图”，1.3.35 元湛妃王令媛“鉴识图史”，1.4.34 王士良妻董荣晖“箴规图史”“流略子集”，1.4.42 元寿妃卢兰“就学女史，观图内则”。对古代女性放宽标准，读过一些著作也可以看作受过教育，不算作“谀墓”。

最值得注意的是1.3.46刘洪徽妻高阿难和1.5.58陆君妻高善德。高阿难是北齐神武帝高欢的第三个女儿，高善德之祖是北齐神武帝高欢，其父是孝昭帝高演，都是北齐皇族女性。高阿难会写作，还爱好佛法，“深悟苦空”“研马鸣”，高善德擅长书法，“真草两工”。说明北齐的宫廷教育，覆盖到女性。

（二）原因

六世纪女性接受语文教育，是时代发展的结果。

在书法方面，六世纪以前有两位著名的女书法家，一位是蔡文姬，前面四名女性有三人与蔡文姬进行比照，另一位是卫夫人，她是王羲之的书法启蒙老师。六世纪以前也有专门的女性书法教育，《南齐书》卷二十《皇后传》：“吴郡韩兰英，妇人有文辞。宋孝武世，献《中兴赋》，被赏入宫。宋明帝世，用为宫中职僚。世祖以为博士，教六宫书学，以其年老多识，呼为‘韩公’。”在南齐武帝时期，韩兰英专门教六宫书法。

在写作方面，六世纪及以前，已经有女性著作出现。《隋书》卷三十四《经籍三》子部的儒家类有以下著作：《女篇》一卷、《女鉴》一卷、《妇人训诫集》十一卷、《娣姒训》一卷、《曹大家女诫》一卷、《贞顺志》一卷。

《隋书》卷三十五《经籍四》集部的别集类有以下著作：梁《临安恭公主集》三卷（武帝女）、梁征西记室范靖妻《沈满愿集》三卷、梁太子洗马徐悱妻《刘令娴集》三卷、《陈后主沈后集》十卷。

总集类有以下著作:《妇人集》二十卷(梁有《妇人集》三十卷,殷淳撰。又有《妇人集》十一卷,亡)、《妇人集钞》二卷、《杂文》十六卷(为妇人作)。

《旧唐书》卷四十七《经籍下》丁部集录有以下著作:《临安公主集》三卷、范靖妻《沈满愿集》五卷、徐悱妻《刘氏集》六卷、《妇人训诫集》十卷(徐湛之撰)、《妇人诗集》二卷(颜竣撰)、《女训集》六卷。

《女训集》位于江邃《文释》之前,可以认为是南北朝女性著作集。从《隋书》到《旧唐书》,《妇人训诫集》从子部变更到集部,并且还多出《妇人诗集》《女训集》。

以上别集和总集的出现激励着六世纪对女性的写作教育。

第二章　六世纪语文教育的实施者与机构

六世纪语文教育的实施者和实施机构，与教育制度有关。现代意义上的语文教育实施者是语文教师，在六世纪，这个角色由不同的人担任，原因是在当时的教育制度下，有官方主办的官学、非官方主办的私学，还有特殊的宫廷教育，官学和宫廷教育中的教育实施者有身份和头衔，私学中的不一定有。到了北齐开始有专门的教育管理机构。

第一节　官学语文教育机构与实施者

下面结合第一章，首先梳理六世纪语文教育的实施者与实施机构，再探讨官学部分。

一、学校与教师

（一）学校

六世纪的教育形式多样，有官学，也有私学，但是很多庠、序、塾、黉舍、讲肆，不容易区分是官学还是私学。以第一章为例：

1.3.6 杜弼寄郡学受业。

1.3.24 邢峙九岁入学。

1.3.38 元晬裁虽褟褓，便游庠塾。

1.4.29 郑常就经黉舍，略见书堂。

1.4.41 崔默宣一游庠序，载服青衿。

1.5.2 豆卢勣少受业国子学。

1.5.45 卢太翼七岁诣学。

1.5.65 郑謇弱龄庠序，读百遍之书。

1.6.9.1 孔颖达八岁就学。

1.6.31 李立言早游庠序。

国子学、郡学是官学，其余则不容易判断。再比如《陈书》二例：

> 所居新坡黄冈，世有乡校，由是顾氏多儒学焉。(《陈书》卷三十三《儒林・顾越传》)
>
> 遍游讲肆，遂博通《五经》，尤长《三礼》。(《梁书》卷四十八《儒林・沈峻传》)

乡校和讲肆，不容易判断是哪种学校类型。总之，到了六世纪学校类型更加多样化。

（二）教师

六世纪执教的教师身份也不容易区分。《册府元龟》卷五百九十八《学校部・教授》罗列了前代教师，筛选六世纪的如下：

梁周弘正，累迁国子博士。时于城西立士林馆，弘正居以讲授，听者倾朝野焉。

王承为中书门下侍郎，兼国子博士。时膏腴贵游，咸以文学相尚，罕以经术为业，唯承独好之。发言吐论，造次儒者。在学训诸生，述《礼》《易》义。

张绾为豫章内史。绾在郡述《制旨礼记正言》义，四姓衣冠士子听者常数百人。入为御史中丞。大同末，城西开士林馆聚学者，绾与右卫朱异、太府卿贺琛递述《制旨礼记中庸》义。

贺瑾为国子博士，于学讲授，生徒常数百人。

沈峻博通五经。传峻业者有吴郡张及、会稽孔子云，官皆至五经博士。

贺瑒为步兵校尉，领五经博士。瑒于《礼》尤精。馆中生徒常数百，弟子明经对策至数十人。

诸葛璩，琅琊人也。居京口。璩勤于训诱，后生就学者日至，居宅狭陋，无以容之，太守张仄为起讲舍。

虞僧诞，会稽人。以《左氏》教授，听者亦数百人，其该通义例，当时莫及。

伏曼容初为宋中散大夫，宅在瓦官寺东。曼容施高坐于厅事，有宾客辄升高坐为讲说。生徒常数十百人。

卞华，字昭邱。为安成王功曹参军，兼五经博士。

聚徒教授，华博涉有机辩，说经析理，为当时之冠。

何佟之为国子博士。永元末，京师兵乱，佟之常集诸生讲论，孜孜不怠。

孔子祛初为长沙嗣王侍郎，兼国子助教，讲《尚书》四十九篇，听者常数百人。

皇侃为国子助教，于学讲说，听者数百人。

许懋，字昭哲，少孤，好学，为州闾所称。十四入太学，受《毛诗》，旦领师说，晚而覆讲，坐下听者常数百人。仕至中庶子。

陈袁宪，字德章，尚书左仆射枢之弟也。幼聪敏好学，有雅量。梁武帝修建庠序，别开五馆，其一馆在宪宅西。宪常招引诸生，与互谈论，每有新义出人意表，同辈咸嗟服焉。后入隋，为晋王府长史。

戚衮，年十九，梁武帝敕策《孔子正言》并《周礼》《礼记》义，衮对高第。仍除扬州祭酒从事史。就国子博士宋怀方质《仪礼》义。怀方北人，自魏携《仪礼》《礼记疏》，秘惜不传，及将亡，谓家人曰："吾死后，戚生若赴，便以《仪礼》《礼记》义本付之。若不来，即宜随尸而殡。"为儒者推许如此。

沈德威为太学博士，转国子助教，每自学还私室以讲授，道俗受业者数百人，率皆如此。

王元规迁南平王府限内参军。王为江州，元规随府之镇，四方学徒不远千里来请道者，常数十百人。为国子助教、东宫学士。自梁代诸儒相传为《左氏》学者，皆以贾逵、服虔之义难驳杜预，凡一百八十条。元规引证通析，无复疑滞。每国家议吉凶大礼，常预焉。

孙瑒镇郢州，常于山斋设讲肆，集玄儒之士，冬夏资奉，为学者所称。

张讥，性恬静，不求荣利。常慕闲逸，所居宅营山池，植花果，讲《周易》《老》《庄》而教授焉。吴郡陆元朗、朱孟博、一乘寺沙门法才、法云寺沙门惠休、至贞观道士姚绥，皆传其业。位至东宫学士。

（北魏）冯元兴，魏郡肥乡人。学通礼传，有文才。年三十三还乡教授，常数百人。

李郁为国子博士。自国学之建，诸博士率不讲说，朝夕教授唯郁而已。谦虚宽雅，甚有儒者之风。

刘兰，武邑人。性聪敏，读《左氏》五日一遍，兼通五经。先是，张吾实以聪辩过人，其所解说不本先儒之旨，唯兰推经传之繇，本注者之意，参以纬候及先儒旧事，甚为精悉。自后经义审博，皆繇于兰。兰又明阴阳，博物多识，故为儒者宗。瀛州刺史裴植征兰讲书于州城南馆，指为学主，故生徒甚盛，海内称焉。又特为中山王英所重，英引在馆，令教其子熙、诱、略等。兰学徒前后数千，成业者众。

北齐张思伯，河间乐城人也。善说《左氏传》，为马敬德之次。撰《刊例》十卷，行于时。亦治《毛诗章句》，以二经教授齐安王廓。武平初，为国子博士。

鲍季详，弟长暄，兼通《礼传》。武平末，为任城王湝丞相掾。常在京教授贵游子弟。齐亡后，归乡里讲经，卒于家。

张买奴，平原人。经义该博，门徒千余人，诸儒咸推重之，名声甚盛。历太学博士、国子助教。

后周乐逊为太学博士，治小师氏下大夫。自谯王俭以下，并行束脩弟子之礼。逊以经术教授，甚有训导之方。武帝保定中，频加赏赐，迁遂伯中大夫。诏鲁公与毕公贤等，俱以束脩之礼同受业焉。天和中，出为湖州刺史。秩满还朝，拜皇太子谏议，复在露门教授皇子，增邑一百户。

樊深讲习五经，为于谨府参军事，令在馆教授子孙。

熊安生，长乐阜城人。专以三《礼》教授，弟子自远方至者千余人。乃讨论图纬，捃摭异闻，先儒所未悟者，皆发明之。齐河清中，阳休之特奏为国子博士。安生既学为儒宗，当时受其业擅名于后者，有马荣伯、张黑奴、窦士荣、孔笼、刘焯、刘炫等，皆其门人焉。

隋何妥为国子博士，出为龙州刺史。时有负笈游学者，妥皆为讲说教授之。

房晖远治三《礼》、《春秋三传》、《诗》、《书》、《周易》，尝以教授为务。远方负笈而从者，动以千计。南阳王绰为定州刺史，闻其名，召为博士。

萧该笃学，尤精《汉书》。包恺兄愉明五经，恺传其业。又从王仲通受《史记》《汉书》，尤称精究。大业中，为国子助教，于时《汉书》学者以萧、包二人为宗。聚徒教授，著录者数千人。卒，门人为起坟立碣焉。

马光为太学博士。初，教授瀛博间，门徒千数，至是，多负笈从入长安。

刘焯，信都昌亭人，以儒学知名。举秀才，射策甲科。直门下省，俄除员外将军，与杨素、牛弘等于国子共论古今滞义。后因国子释奠，与刘炫二人论议，深挫诸儒，诸儒或怀妒恨，遂为飞章所谤，除名为民。于是优游乡里，专以教授著述为务，孜孜不倦。然怀抱不广，又啬于财，不行束脩者，未尝有所教诲，时人以此少之。

刘炫，河间人。与著作郎王邵同修国史，俄直门下省，兼于内史省考定群言。炫虽遍直三省，竟不得官。后除殿内将军，坐事除名，归于家，以教授为务。

王孝籍以博览群言，遍治五经，开皇中召入秘书助王邵修国史。邵不之礼，在省多年而不免输税，孝籍奏于吏部尚书牛弘，弘亦知其学业，而竟不得调。后归乡里，以教授为业，终于家。

梁 14 人，陈 6 人，北魏 3 人，北齐 3 人，北周 3 人，隋 7 人，共计 36 人。以上人物都曾经讲学，但讲授地点、讲授对象、讲授内容不同。梁周弘正在士林馆讲授，梁王承在国子学讲授，隋王孝籍返乡讲授；梁贺瑾教国子学的生员，陈张讥教的有儒生、和尚、道士，后周乐逊教皇子；讲授内容以儒学为主，陈张讥讲玄学，隋萧该讲史学。还有许多人物没有收录。以上不同是教育制度造成的。

二、宫廷语文教育机构

宫廷语文教育主要面向皇族子弟，六世纪北魏有专门的皇宗学，承担这个任务的人物有不同身份，有专职官员，也有兼职人员。

（一）皇宗学

皇宗学是北魏孝文帝时期开设的，职责是为皇帝亲属子弟讲授经义。《魏书》卷七《显祖纪下》云："（十有六年四月）甲寅，幸皇宗学，亲问博士经义。"到宣武帝时期曾衰落过，《魏书》卷十九中《元澄传》记载元澄向宣武帝上表："愚谓可敕有司，修复皇宗之学，开辟四门之教，使将落之族，日就月将。"

皇宗学里担任讲授任务的是皇宗博士，《魏书》卷一百一十三《官氏九》记载皇宗博士是第五品下。孙惠蔚是唯一有记载的皇宗博士，《魏书》卷八十四《儒林·孙惠蔚传》有记载：

> 孙惠蔚，字叔炳，武邑武遂人也，小字陀罗。自言六世祖道恭为晋长秋卿，自道恭至惠蔚世以儒学相传。惠蔚年十三，粗通《诗》、《书》及《孝经》、《论语》；十八，师董

道季讲《易》;十九,师程玄读《礼经》及《春秋》《三传》。周流儒肆,有名于冀方。太和初,郡举孝廉,对策于中书省。时中书监高闾宿闻惠蔚,称其英辩,因相谈,荐为中书博士。转皇宗博士。

孙惠蔚家传儒学,自学《诗经》《尚书》《孝经》《论语》,访师学习《周易》《仪礼》《左传》《公羊传》《谷梁传》,儒家核心经典基本学完。

（二）专职官员

1. 名目

六世纪的侍读、侍学负责陪侍帝王读书论学或为皇子等授书讲学,侍书“职责是教授皇族书法”[①],承担一部分语文教育职责。六世纪侍读、侍讲、侍书有数人,明确为未成年皇子讲学的有以下:

（1）侍讲

初诏国子博士李宝鼎傅之。宝鼎卒,复诏国子博士邢峙侍讲。(《北史》卷七《齐本纪中·废帝殷本纪》)

太保崔光临薨,荐元兴为侍读,尚书贾思伯为侍讲,授孝明《杜氏春秋》。(《北史》卷四十六《冯元兴传》)

齐武成为后主择师傅,赵彦深进之,入为侍讲。其妻夜梦猛兽将来向之,敬德走超丛棘,妻伏地不敢动。

① 高光新:《南北朝侍书研究》,《中国书法》,2017年第18期,第125页。

敬德占曰："吾当为大官。超棘，过几卿也；尔伏地，夫人也。"后主既不好学，敬德侍讲甚疏，时时以《春秋》入授。犹以师傅恩，拜国子祭酒、仪同三司、金紫光禄大夫、瀛州大中正。卒，其徒曰："马生胜孔子，孔子不得仪同。"寻赠开府、瀛州刺史。（《北史》卷八十一《儒林上·马敬德传》）

（2）侍读

梁豫章世子侍读《谢郁集》五卷。（《隋书》卷三十五《经籍四》）

绍泰元年，复征为国子博士。陈天嘉中，诏侍东宫读。除东中郎鄱阳王府谘议参军，甚见优礼。寻领羽林监，迁给事中黄门侍郎，国子博士、侍读如故。时朝廷草创，疑议多所取决，咸见施用。每侍讲东宫，皇太子常虚己礼接。（《南史》卷七十一《儒林·顾越传》）

晋安王纲出戍石头，武帝谓周舍曰："为我求一人，文学俱长，兼有行者，欲令与晋安游处。"舍曰："臣外弟徐摛，形质陋小，若不胜衣，而堪此选。"帝曰："必有仲宣之才，亦不简貌。"乃以摛为侍读。（《南史》卷六十二《徐摛传》）

周明、武间，自麟趾学士累迁太子侍读，封昌乐县侯。（《北史》卷七十四《柳裘传》）

帝嘉焉，赐衣一袭，马一匹，擢拜汉王侍读。（《北史》卷七十四《张衡传》）

(3)侍书

琼弟凯，字敬乐。性刚正，颇好经史。随兄崇，以军功赐爵下蔡县男。大统元年，为东宫侍书。（《周书》卷十六《侯莫陈凯传》）

张景仁者，济北人也。幼孤家贫，以学书为业，遂工草隶，选补内书生。……天保八年，敕授太原王绍德书，除开府参军。后主在东宫，世祖选善书人性行淳谨者令侍书，景仁遂被引擢。（《北齐书》卷四十四《儒林·张景仁传》）

2. 分析

结合六世纪史实，侍读、侍讲、侍书三个专职官员的出现，是古代教育发展的结果。侍讲之名始于东汉，《后汉书·赵典传》："建和初，四府表荐，征拜议郎，侍讲禁内，再迁为侍中。"三国魏正式定为官名，《三国志·魏书》卷九《诸夏侯曹传》：(曹)彦散骑常侍、侍讲。魏明帝景初二年，以曹爽弟曹彦为散骑常侍、侍讲。到了六世纪，更加重视宫廷教育，于是出现了专职的宫廷语文教育实施者。

三个官职的设置有很大随意性，表现在：在官员的设置上，不具备连续性；任命的标准，没有明确说明；官职的品级、俸禄、职责、升迁，也都不确定；没有具体的机关来管理。

侍读、侍讲、侍书三个专职官员的设立，不仅有助于提高皇族的语文素养，而且影响了唐代官职的设置，在唐代，三个都成为正式官职。

（三）兼职人员

这类人员有其他职务，例如前面的后周乐逊，教皇子的时候所任的官职有太学博士、小师氏下大夫、遂伯中大夫、皇太子谏议。例如，第一章 1.3.3 韩毅的身份是博士。

三、中央官学语文教育机构

六世纪的中央官学是太学和国子学。北魏和北齐除了太学和国子学，还有四门小学，《魏书》卷八十四《儒林传》云："及迁都洛邑，诏立国子太学、四门小学。……世宗时，复诏营国学，树小学于四门，大选儒生，以为小学博士，员四十人。"

《魏书》卷五十五《刘芳传》云："太和二十年，发敕立四门博士，于四门置学。"《魏书》卷八《世宗纪》记载，正始四年(507)六月诏曰："今天平地宁，方隅无事，可敕有司准访前式，置国子，立太学，树小学于四门。"四门小学设立于孝文帝太和二十年(496)，宣武帝时期加以制度化，额定四十人。

太学、国子学、四门小学施教者的官职是博士。太学博士和国子博士很多，见上文，不再胪列。四门小学博士亦称四门博士，正史所记有如下：

广平王怀。阙有魏诸王。召入华林别馆，禁其出入，令四门博士董徵，授以经传。世宗崩，乃得归。（《魏书》卷二十二《孝文五王传》）

董绍，字兴远，新蔡鲖阳人也。少好学，颇有文义。起家四门博士，历殿中侍御史、国子助教、积射将军、兼中书舍人。（《魏书》卷七十九《董绍传》）

而四门博士裴道广、孙荣乂等以公主为之君，以家令为之臣，制服以斩，乖谬弥甚。（《魏书》卷八十二《常景传》）

太和末，为四门小学博士。后世宗诏徵入璇华宫，令孙惠蔚问以《六经》，仍诏徵教授京兆、清河、广平、汝南四王，后特除员外散骑侍郎。（《魏书》卷八十四《儒林·董徵传》）

四门小学博士孔璠等学官四十五人上书。（《魏书》卷九十《逸士·李谧传》）

四门小学博士王僧奇等议。（《魏书》卷一百八之二《礼四之二》）

四门博士阳宁居等议。（《魏书》卷一百八之四《礼四之四》）

四门博士蒋雅哲议。（《魏书》卷一百八之四《礼四

之四》)

四门博士刘季明议。(《魏书》卷一百八之四《礼四之四》)

四门博士杨那罗、唐荆宝、王令俊、吴珍之、宋婆罗、刘燮、高显邕、杜灵俊、张文和、陈智显、杨渴侯、赵安庆、贾天度、艾僧檦、吕太保、王当百、槐贵等。(《魏书》卷一百八之四《礼四之四》)

四门博士臣王僧奇、蒋雅哲二人,以为五时冠冕,宜从衣变。(《魏书》卷一百八之四《礼四之四》)

邢峙,字士峻,河间鄚人也,少好学,耽玩坟典,游学燕、赵之间,通《二礼》、《左氏春秋》。天保初,郡举孝廉,授四门博士,迁国子助教,以经入授皇太子。(《北齐书》卷四十四《邢峙传》)

上面所列诸人,邢峙精通《仪礼》《礼记》《左传》,《魏书》卷一百零八所记四门博士参与礼仪制定讨论,对四门博士的要求是儒生身份并熟悉儒家经典。

在六世纪,太学、国子学、四门小学的地位发生过变化。《册府元龟》卷五百九十七《学校部·总序》记载如下:

梁国子祭酒一人,班第十三,比列曹尚书;又置国子博士二人,为九班;助教,班第二;又置太学博士八人,班第三;又置五经博士各一人。

陈国子祭酒，秩中二千石，品第三；博士，品第四，秩千石；国子助教、太学博士，并品第八，秩六百石；律学博士，秩品亦同。

（北魏）宣武又诏营国学，树小学于四门。国子祭酒本第四，品上，后增为从三品；国子博士从第五品上，后增为第五品；国子助教五人，从七品；太学博士第六品，后降为第七品；太学助教第八品中；四门博士第九品；律博士第六品中，后降为第九品上。

北齐国子寺，掌训教胄子。祭酒一人，从三品。又置功曹、五官、主簿、录事等员；博士五人，品第五；助教十人，太学博士十人，从第七品；助教二十人，从第九品。四门博士二十人，正九品上，亦有助教二十人。

后周依《周礼》建六官之职，《春官》太学博士下大夫，四命；助教及小学博士上士，三命，皆国子监之属官也。祭酒无闻焉。武帝又立露门学。

隋国子寺，开皇中隶太常，祭酒一人，属官有功曹、主簿、录事各一人，统国子、太学、书算学。各置博士，国子、太学、四门各五人，书、算各二人；助教，国子、太学、四门各五人，书、算各二人。仁寿初，罢国子，唯置太学。

根据《通典》卷三十九《职官二十一》，在北周，太学博士是正四品，小学博士是正三品（数字越大，级别越高）。根据

《隋书》卷二十八《百官志下》，在隋代，国子博士是正五品，太学博士是从七品，四门博士是从八品。

梁和北周的官级数字越大，级别越高；其他朝代相反，数字越小，级别越高。六世纪，国子学地位高于太学，四门小学地位低于国子学和太学。三者的地位差别，延续到唐代，《新唐书》卷四十八《百官志三》：“（国子学）博士五人，正五品上。掌教三品以上及国公子孙、从二品以上曾孙为生者。”“（太学）博士六人，正六品上；助教六人，从七品上。掌教五品以上及郡县公子孙、从三品曾孙为生者。”“（四门馆）博士六人，正七品上；助教六人，从八品上；直讲四人。掌教七品以上、侯伯子男子为生及庶人子为俊士生者。”地位变化见下表：

	梁	陈	北魏	北齐	北周	隋	唐
国子博士	九班	四品	五品	五品		正五品	正五品上
太学博士	三班	八品	六品→七品	七品	正四命	从七品	正六品上
四门博士/小学博士			九品	正九品	正三命	从八品	正七品

四、地方官学语文教育机构

北魏、北齐、隋有郡学，亦称州郡学或郡国学，这是地方官学。

> 诸州郡学生，三年一校所通经数，因正使列之，然后遣使就郡练考。（《魏书》卷十九下《元英传》）

每年春,总集大儒卫觊隆、田元凤等讲于郡学,朝吏文案之暇,悉令受书。(《北齐书》卷四十六《苏琼传》)

(杜)弼幼聪敏,家贫无书,年十二,寄郡学受业,讲授之祭,师每奇之。同郡甄琛为定州长史,简试诸生,见而策问,义解闲明,应答如响,大为琛所叹异。(《北齐书》卷二十四《杜弼传》)

齐制:诸郡并立学,置博士助教授经。(《北齐书》卷四十四《儒林传序》)

州郡学则以春秋仲月释奠。(《隋书》卷九《礼仪四》)

郡学主要讲授儒家经学。北齐大儒卫觊隆、田元凤曾在郡学讲学。

郡学主要设立于北方,产生于北魏,这是因为北方长期战乱,教育受到极大冲击,导致人才缺乏,到了北魏中期,政局稳定,治理国家需要人才,于是出现郡学。

《魏书》卷四十六《李欣传》记载,李欣向献文帝上书:

臣闻至治之隆,非文德无以经纶王道;太平之美,非良才无以光赞皇化。是以昔之明主,建庠序于京畿,立学官于郡邑,教国子弟,习其道艺。然后选其俊异,以为造士。今圣治钦明,道隆三五,九服之民,咸仰德化,而所在州土,学校未立。臣虽不敏,诚愿备之,使后生闻雅颂之音，童幼睹经教之本。臣昔蒙恩宠，长管中秘，时课修学有成立之人，髦俊之士，已蒙进用。臣今重荷荣遇，显任方岳，思阐帝猷，光宣于外。自到以来，访诸文学，旧德已老，后生未进。岁首所贡，虽依制遣，对问之日，惧不克堪。臣愚欲仰依先典，于州郡治所各立学官。使士望之流、冠冕之胄，就而受业，庶必有成。其经艺通明者贡之王府。则郁郁之文，于是不坠。

在献文帝时期，北魏的地方官学缺失，以前有文化的人已经年老，年轻人缺少文化教育，李欣认为应该在州郡"立学官"，得到了献文帝的同意。这是北魏首次设立州郡学。

后来献文帝下诏欲设立郡学，高允提出建议，正式设立郡学，《魏书》卷四十八《高允传》记载此事：

又诏允曰："自顷以来，庠序不建，为日久矣。道肆陵迟，学业遂废，子衿之叹，复见于今。朕既纂统大业，八表晏宁，稽之旧典，欲置学官于郡国，使进修之业，有所津寄。卿儒宗元老，朝望旧德，宜与中、秘二省参议以闻。"允表曰："……臣承旨敕，并集二省，披览史籍，备究典纪，靡不敦儒以劝其业，贵学以笃其道。伏思明诏，玄同古义。宜如圣旨，崇建学校以厉风俗。使先王之道，光演于明时；郁郁之音，流闻于四海。请制大郡立博士二人、助教四人、学生一百人，次郡立博士二人、助教二人、学生八十人，中郡立博士一人、助教二人、学生六十人，下郡立博士一人、助教一人、学生四十人。其博士取博关经典、世履忠清、堪为人师者，年限四十以上。助教亦与博士同，年限三十以上。若道业夙成，才任教授，不拘年齿。学生取郡中清望、人行修谨、堪循名教者，先尽高门，次及中第。”显祖从之。郡国立学，自此始也。

献文帝打算在郡国设立学官，培养人才。高允从文献出发，与同僚商议以后，建议设立学校，并使之制度化，依照中央官学，按照州郡大小设立四等，规定每等的师生人数以及录取标准。献文帝接受了高允的建议，在天安元年(466)九月，正式设立郡学。《魏书》卷七《显祖纪》载："己酉，初立乡学，郡置博士二人、助教二人、学生六十人。"

不同于地方上的学校，郡学有一套管理制度，是地方官学。郡学为北魏培养了一批人才，这一制度被后来的北齐、隋继承。

第二节　私学语文教育实施者

一、学馆语文教育实施者

学馆是南北朝新出现的教育场所，由朝廷资助，发挥学者的特长，推动文教发展。学馆主要在南朝，北朝较少，六世纪在学馆任教的学者，如本章第一节所引《册府元龟》所示，南朝有周弘正、张绾、贺瑒、袁宪，北朝有刘兰、樊深。

（一）南方学馆

南朝的学馆始于宋文帝元嘉十五年（438），梁武帝天监四年（505）也设立过。《宋书》卷九十三《隐逸·雷次宗传》载：

元嘉十五年，征次宗至京师，开馆于鸡笼山，聚徒教授，置生百余人。会稽朱膺之、颍川庾蔚之并以儒学，监总诸生。时国子学未立，上留心艺术，使丹阳尹何尚之立玄学，太子率更令何承天立史学，司徒参军谢元立文学，凡四学并建。

这是南朝学馆的开始，意义非凡，首次儒学、玄学、史学、文学“四学并建”，正式承认史学和文学的独立地位，促进了史学和文学的发展。

1. 五馆

《南史》卷七十一《儒林传序》载：

天监四年，乃诏开五馆，建立国学，总以《五经》教授，置《五经》博士各一人。于是以平原明山宾、吴郡陆琏、吴兴沈峻、建平严植之、会稽贺玚补博士，各主一馆。馆有数百生，给其饩廪，其射策通明经者，即除为吏，于是怀经负笈者云会矣。

主持五馆的五个人，都是大儒。《梁书》卷二十七《明山宾传》载明山宾“著《吉礼仪注》二百二十四卷，《礼仪》二十卷，《孝经丧礼服义》十五卷”。《梁书》卷四十八《儒林传》载，沈峻“博通《五经》，尤长《三礼》”。严植之“撰《凶礼仪注》四百七十九卷”。贺玚“所著《礼》、《易》、《老》、《庄讲疏》、《朝廷博议》数百篇，《宾礼仪注》一百四十五卷。玚于《礼》尤精”。陆琏无传，《梁书》卷二十五《徐勉传》云：“征虏记室参军陆琏掌军礼……《军礼仪注》以天监九年十月二十九日上尚书，合十有八秩，一百八十九卷，二百四十条。”陆琏也有礼仪类著作。主馆的五人都擅长《五经》中的《三礼》，尤其是《仪礼》。

2. 集雅馆和士林馆

梁武帝除了开设五馆，还开设集雅馆、士林馆召集学者讲学。《南史》卷六《梁本纪上》记载天监五年(506)，“五月，置集雅馆以招远学”。

士林馆在宫城西，由萧子良负责，《梁书》卷三《武帝本纪下》载普通七年(526)十二月，“丙辰，于宫城西立士林馆，延集学者”。《梁书》卷十六《王亮传》云：“齐竟陵王子良开西邸，延才俊以为士林馆，使工图画其像，亮亦预焉。”

由于士林馆是朝廷资助的，梁武帝还一度设立士林馆学士，《陈书》卷十九《虞荔传》云：“梁武帝于城西置士林馆，荔乃制碑，奏上，帝命勒之于馆，仍用荔为士林学士。”《陈书》卷三十三《儒林·张讥传》云：“服阕，召补湘东王国左常侍，转田曹参军,迁士林馆学士。"

士林馆的学者,除了前面王亮,还有朱异、贺琛、张绾、袁宪、沈洙。

> 是时城西开士林馆聚学者,绾与右卫朱异、太府卿贺琛递述《制旨礼记中庸》义。(《梁书》卷三十四《张绾传》)
>
> 时城西又开士林馆以延学士,异与左丞贺琛递日述高祖《礼记中庸义》,皇太子又召异于玄圃讲《易》。(《梁书》卷三十八《朱异传》)
>
> 梁武帝修建庠序,别开五馆,其一馆在宪宅西,宪常招引诸生,与之谈论,每有新议,出人意表,同辈咸嗟服焉。(《陈书》卷二十四《袁宪传》)
>
> 及异、琛于士林馆讲制旨义,常使洙为都讲。(《陈书》卷三十三《儒林·沈洙传》)

(二)北朝学馆

关于六世纪北朝学馆的记载较少,北魏刘兰、北周樊深曾在学馆任教。

> 瀛州刺史裴植征兰讲书于州城南馆,植为学主,故生徒甚盛,海内称焉。(《魏书》卷八十四《儒林·刘兰传》)

太祖置学东馆，教诸将子弟，以深为博士。深经学通赡，每解书，尝多引汉、魏以来诸家义而说之。（《周书》卷四十五《儒林·樊深传》）

（三）学馆的出现原因与意义

出现的原因有两个：一是南北朝时期出现多学科独立发展的趋势，而官学只能讲儒学，学馆适应了教育多元化发展的需要；二是有些学者不愿做官，建立学馆有利于发挥这些学者的优势，推动教育发展。学馆也确实推动了教育的发展，培养了人才。

二、私人讲学语文教育实施者

（一）六世纪人物接受的私人讲学

根据第一章六世纪人物接受的语文教育，梳理私学传授如下：

1.2.16 戚衮传受《三礼》于国子助教刘文绍。

1.2.18 王元规从吴兴沈文阿受业。

1.2.22 陆瑜尝受《庄》、《老》于汝南周弘正，学《成实论》于僧滔法师。

1.3.3 博士韩毅教彭城景思王高浟书。

1.3.8 平鉴受学于徐遵明。

1.3.10.2 徐之才受业于博士缪昭、后庆。

1.3.22 李铉从浮阳李周仁受《毛诗》、《尚书》，章武刘子猛受《礼记》，常山房虬受《周官》、《仪礼》，渔阳鲜于灵馥受

《左氏春秋》

1.3.26 马敬德负笈随大儒徐遵明学《诗》、《礼》。

1.4.4 宋献公宇文震与世宗俱受《礼记》、《尚书》于卢诞。

1.4.12 窦炽少从范阳祁忻受《毛诗》、《左氏春秋》。

1.4.16 吕思礼受学于徐遵明。

1.4.27 熊安生初从陈达受《三传》，又从房虬受《周礼》，并通大义。后事徐遵明，服膺历年。

1.5.20 于仲文就博士李祥受《周易》、《三礼》。

1.5.25 朗茂十五师事国子博士河间权会，受《诗》、《易》、《三礼》及玄象、刑名之学。又就国子助教长乐张率礼受《三传》群言。

1.5.32 刘焯受《诗》于同郡刘轨思，受《左传》于广平郭懋常，问《礼》于阜城熊安生。

1.5.36 孙万寿就阜城熊安生受五经。

1.5.38 潘徽少受《礼》于郑灼，受《毛诗》于施公，受《书》于张冲，讲《庄》、《老》于张讥。

1.5.47 处士卞诠擅名当世，(释智琳)年在幼学服膺请业，《礼》《易》《庄》《老》悉穷幽致。

1.5.49 令舅氏传授释昙迁，即齐中散大夫国子祭酒博士权会。会备练六经偏究《易》道。

1.6.4 虞世南少与兄世基受学于吴郡顾野王。善属文，祖述徐陵。又同郡沙门智永，善王羲之书，世南师焉。

1.6.11 张行成少师事河间刘炫。

1.6.12 陆德明初受学于周弘正。

1.6.13 陈尚书令江总与纥有旧，收养之，教（欧阳询）以书计。

1.6.14 齐国子博士刘轨思授张士衡以《毛诗》、《周礼》，又从熊安生及刘焯受《礼记》。

1.6.16 贺德仁少与从兄基俱事国子祭酒周弘正。

以上私人讲学传授，徐遵明出现 4 次，熊安生、周弘正各出现 3 次，熊安生从徐遵明受学，二人都是北方人，周弘正是南方梁、陈人。总体来看，北方私人讲学传授比南方兴盛。

（二）南朝私人讲学传授

南朝私人讲学传授较少。主要原因是梁代有学馆，陈代教育不发达，《陈书》卷三十三《儒林传序》载："世祖以降，稍置学官，虽博延生徒，成业盖寡。今之采缀，盖亦梁之遗儒云。"

（诸葛）璩性勤于诲诱，后生就学者日至，居宅狭陋，无以容之，太守张友为起讲舍。璩处身清正，妻子不见喜愠之色。旦夕孜孜，讲诵不辍，时人益以此宗之。（《梁书》卷五十一《处士·诸葛璩传》）

（郑）灼幼而聪敏，励志儒学，少受业于皇侃。（《陈书》卷三十三《儒林·郑灼传》）

每自学还私室以讲授，道俗受业者数十百人，率常

如此。(《陈书》卷三十三《儒林·沈德威传》)

(三)北朝私人讲学传授

北朝私人讲学源自北齐,《北齐书》卷四十四《儒林传序》记载其原因与盛况:

国学博士,徒有虚名,唯国子一学,生徒数十人耳,欲求官正国治,其可得乎?胄子以通经仕者唯博陵崔子发、广平宋游卿而已,自外莫见其人。幸朝章宽简,政网疏阔,游手浮惰,十室而九。故横经受业之侣,遍于乡邑;负笈从宦之徒,不远千里。伏膺无怠,善诱不倦。入闾里之内,乞食为资;憩桑梓之阴,动逾千数。燕、赵之俗,此众尤甚。

北齐的中央官学徒有虚名,学生人数少,贵族子弟也不好学。由于朝廷管理松散,致使民间的私人讲学兴盛,甚至不远千里求学。

私学到了隋文帝时期还是很盛,《隋书》卷七十五《儒林传序》载隋文帝时期私学盛况,“齐、鲁、赵、魏,学者尤多,负笈追师,不远千里,讲诵之声,道路不绝”。齐、鲁、赵、魏都是原北齐疆域。

《北史》卷八十一《儒林传序》记载北朝儒学传授大概:

自魏末，大儒徐遵明门下讲郑玄所注《周易》。遵明以传卢景裕及清河崔瑾。景裕传权会、郭茂。权会早入邺都，郭茂恒在门下教授，其后能言《易》者，多出郭茂之门。河南及青齐之间，儒生多讲王辅嗣所注，师训盖寡。

齐时，儒士罕传《尚书》之业，徐遵明兼通之。遵明受业于屯留王聪，传授浮阳李周仁及勃海张文敬、李铉、河间权会，并郑康成所注，非古文也。下里诸生，略不见孔氏注解。武平末，刘光伯、刘士元始得费彪《义疏》，乃留意焉。

其《诗》、《礼》、《春秋》，尤为当时所尚，诸生多兼通之。

《三礼》并出遵明之门。徐传业于李铉、祖俊、田元凤、冯传、纪显敬、吕黄龙、夏怀敬。李铉又传授刁柔、张买奴、鲍季详、邢峙、刘昼、熊安生。安生又传孙灵晖、郭仲坚、丁恃德。其后生能通《礼经》者，多是安生门人。诸生尽通《小戴礼》。于《周仪礼》兼通者，十二三焉。通《毛诗》者，多出于魏朝刘献之。献之传李周仁。周仁传董令度、程归则。归则传刘敬和、张思伯、刘轨思。其后能言《诗》者，多出二刘之门。河北诸儒能通《春秋》者，并服子慎所注，亦出徐生之门。张买奴、马敬德、邢峙、张思伯、张奉礼、张彫、刘昼、鲍长宣、王元则并得服氏之精微。又有卫觊、陈达、潘叔虔，虽不传徐氏之门，亦为通解。又有姚文安、秦道静，初亦学服氏，后兼更讲杜元凯所注。其河外儒生，俱伏膺杜氏。其《公羊》、《穀梁》二传，儒者多不厝怀。《论语》、《孝经》，诸学徒莫不通讲。诸儒如权会、李钦、刁柔、熊安生、刘轨思、马敬德之徒，多自出义疏。虽曰专门，亦皆相祖习也。

下面归纳北朝儒学私人讲学传授谱系：

《周易》传授：

徐遵明→卢景裕、崔瑾
　　└→权会、郭茂

《尚书》传授：

王聪→徐遵明→李周仁、张文敬、李铉、权会

《三礼》传授：

徐遵明→李铉、祖俊、田元凤、冯传、纪显敬、吕黄龙、夏怀敬
　　└→刁柔、张买奴、鲍季详、邢峙、刘昼、熊安生
　　孙灵晖、郭仲坚、丁恃德←┘

《诗经》传授：

刘献之→李周仁→董令度、程归则
　　└→刘敬和、张思伯、刘轨思

《春秋》传授：①（传授服虔注本）徐遵明→张买奴、马敬德、邢峙、张思伯、张奉礼、张彫、刘昼、鲍长宣、王元则

②（共同学习服虔注本）卫觊、陈达、潘叔虔

③（兼学服虔、杜预注本）姚文安、秦道静

《魏书》《北齐书》《周书》《隋书》和《北史》的《儒林传》记载了很多北朝的私学传授，例如《北齐书》卷四十四《儒林传》记载，刘昼"少孤贫，爱学，负笈从师，伏膺无倦"，马敬德"教授于燕、赵间，生徒随之者众"，张雕"负簏从师，不远千里。遍通《五经》，尤明《三传》，弟子远方就业者以百数"。很重要的一个人物是徐遵明，五经除了《诗经》他都讲授过。

（四）六世纪私学总结

1. 特点

（1）讲授者的知识来源不同，大部分有师承，也有自学的，例如陈沈德威。

（2）学习者的身份不同，例如陈沈德威的听众有"道俗"，即有普通人和出家人。

（3）私人讲学讲授的内容以儒学为主，但不局限于一部经典，前面徐遵明讲授多部儒家经典。

（4）讲学地点不同，有的固定在一个地方，例如梁诸葛璩有讲舍，有的地点不固定，例如北齐马敬德在燕赵之间讲授。

2. 意义

私人讲学在北朝尤其兴盛，培养了一大批学者，说明私人讲学成为学术与教育的一个重心。以徐遵明为例，《魏书》卷八十四《儒林·徐遵明传》云：

徐遵明，字子判，华阴人也。身长八尺，幼孤好学。年十七，随乡人毛灵和等诣山东求学。至上党，乃师屯留王聪，受《毛诗》、《尚书》、《礼记》。一年，便辞聪诣燕赵，师事张吾贵。吾贵门徒甚盛，遵明伏膺数月，乃私谓其友人曰："张生名高而义无检格，凡所讲说，不惬吾心，请更从师。"遂与平原田猛略就范阳孙买德受业。一年，复欲去之。猛略谓遵明曰："君年少从师，每不终业，千里负帙，何去就之甚。如此用意，终恐无成。"遵明曰："吾今始知真师所在。"猛略曰："何在？"遵明乃指心曰："正在于此。"乃诣平原唐迁，纳之，居于蚕舍。读《孝经》、《论语》、《毛诗》、《尚书》、《三礼》，不出门院，凡经六年，时弹筝吹笛以自娱慰。又知阳平馆陶赵世业家有服氏春秋，是晋世永嘉旧本，遵明乃往读之。复经数载，因手撰《春秋义章》，为三十卷。是后教授，门徒盖寡，久之乃盛。遵明每临讲坐，必持经执疏，然后敷陈，其学徒至今浸以成俗。遵明讲学于外二十余年，海内莫不宗仰。

徐遵明自己到处拜师求学，有上党王聪、燕赵张吾贵、范阳孙买德，还到馆陶赵世业家读书。学成以后讲学二十余年，成为一代宗师。私人讲学兴盛，培养了一大批人才，促进了教育的发展，有助于促进"教育的平民化"[①]。

① 鲁凤：《北朝私学研究》，曲阜师范大学硕士学位论文，2008年，第2页。

三、家族语文教育实施者

家族教育有两种情况：一是父母兄长教，二是有家学。

（一）出现原因

家族教育，尤其是家学教育与经学和门第有重要关系，钱穆认为："从东汉以来，因有累世经学，而有累世公卿，于是而有门第之产生，但有门第，于是而又有累世之学也。"[①]家学传承是门第的文化根基，能维系世家大族的显赫地位。

（二）类型

根据第一章，整理家族语文教育实施者。父母兄长教的有以下：

1.2.15 谢贞之母王氏，授贞《论语》、《孝经》。

1.3.14 皇甫和之母夏侯氏，才明有礼则，亲授以经书。

1.3.15 张宴之为母郑氏教诲。

1.5.26 房彦谦长兄房彦询亲教读书。

1.5.41 张文诩之父张琚有书数千卷，教训子侄。

1.5.28 辛公义为母氏所养，亲授书传。

很难得的是上面有四人是母亲教，这也是南北朝女性受教育的成果。

家学有以下：

1.2.20 杜之伟家世儒学，以《三礼》专门。

1.2.23 徐伯阳家有史书，所读者近三千余卷。

---

① 钱穆：《略论魏晋南北朝学术文化与当时门第之关系》，《中国学术思想史论丛》（三），生活·读书·新知三联书店，2009年，第150页。

1.3.30 颜之推世善《周官》、《左氏》，之推早传家业。

1.5.19 许善心家有旧书万余卷。

1.5.31 房晖远世传儒学。

1.5.39 杜正玄世以文学相授。

1.6.7 姚思廉少受汉史于其父，能尽传家业。

1.6.8 颜师古少传家业。

例如姚思廉从小就读史书，《旧唐书》卷七十三《姚思廉传》："初，察在陈尝修梁、陈二史，未就，临终令思廉续成其志。"姚思廉之父姚察撰《梁书》《陈书》未成，去世前嘱咐姚思廉写完，后来到了唐太宗时期才写完。颜师古是颜之推之孙、颜思鲁之子，家学源远流长。

第三节 管理机构

南北朝的地方学校没有管理机构，中央官学太学和国子学开始的时候也没有专门的管理机构，都是内部自我管理，主要依靠祭酒或太常管理。北齐时教育管理机构正式独立。《北齐书》卷六《孝昭帝纪》载，皇建元年(560)八月，"又诏国子寺可备立官属，依旧置生，讲习经典，岁时考试。其文襄帝所运石经，宜即施列于学馆。外州大学亦仰典司勤加督课"。国子寺可以设置官属，是个行政机构。

《隋书》卷二十七《百官志中》记载北齐的官制，有"国子寺"。

> 国子寺，掌训教胄子。祭酒一人，亦置功曹、五官、主簿、录事员。领博士五人，助教十人，学生七十二人。太学博士十人，助教二十人，太学生二百人。四门学博士二十人，助教二十人，学生三百人。

国子寺的职责是教育胄子，最高负责人是祭酒，设置四类官属，管理国子学、太学和四门学，说明国子寺是一个行政机构，但是没指出国子学，说明国子寺兼带国子学身份。国子寺出现在北齐，是因为“北齐官学不盛，士风颓败。孝昭帝意欲革除旧弊，敦促学校之风，所以有了创立国子寺之举”。①

隋代继续设立国子寺，负责教育管理。《隋书》卷二十八《百官志下》载隋文帝开皇年间官制，有“国子寺”。

> 国子寺元隶太常。祭酒，一人。属官有主簿、录事。各一人。统国子、太学、四门、书算学，各置博士、国子、太学、四门各五人，书、算各二人。助教、国子、太学、四门各五人，书、算各二人。学生国子一百四十人，太学、四门各三百六十人，书四十人，算八十人。等员。

和北齐相比，变化有：官属取消功曹和五官，主簿保留，

---

① 宋大川、王建军：《中国教育制度通史》(第2卷)，山东教育出版社，2004年，第101页。

录事员更名为录事;统辖学校多出书学和算学,说明到了隋代,书法和计算的重要性增强,需要单独设立专门学校;学生人数增多。

这说明进一步理清国子寺的职责,明确指出国子学的设置,国子寺是独立教育管理机构;隋代统一全国,国子寺所辖各学校的学生人数明显增多。

第三章　文字音形义与书写教育

语文教育的基础是认字，包括认识文字的音形义，以及书写，书写的进阶是书法。六世纪的文字音形义与书写教育，在继承前代的基础上，又有一些新的发展，包括出现新的教育用书，出现了规范字形的举措，书法理论进一步发展。

第一节　蒙学语文教育

蒙学是我国古代传统的幼儿启蒙教育，主要内容是识字和书写，从秦代开始出现蒙学用书。

一、六世纪蒙学语文教育概况与用书

六世纪蒙学语文教育，继承前代，又有创新。《急就章》在六世纪仍然是常用的启蒙教材，第一章 1.3.9 李绘六岁偷学《急就章》，1.3.22 李铉九岁学《急就篇》，一个多月就学会了。还有使用蔡邕《劝学》的。《陈书》卷八《周文育传》："命兄子弘让教之书计。弘让善隶书，写蔡邕《劝学》及古诗以遗文育。"周舍让周弘让教周文育写字和算数，周弘让写了《劝学》和古诗给他。

蒙学语文教材上，既沿用前代，也有新产生的。《隋书》

卷三十二《经籍一·经部》著录小学类蒙学著作如下：

《三苍》三卷郭璞注。秦相李斯作《苍颉篇》，汉扬雄作《训纂篇》，后汉郎中贾鲂作《滂喜篇》，故曰《三苍》。梁有《苍颉》二卷，后汉司空杜林注，亡。

《急就章》一卷汉黄门令史游撰。

《急就章》二卷崔浩撰。

《急就章》三卷豆卢氏撰。

《吴章》二卷陆机撰。

《小学篇》一卷晋下邳内史王义撰。

《少学》九卷杨方撰。

《始学》一卷

《劝学》一卷蔡邕撰。有司马相如《凡将篇》，班固《太甲篇》、《在昔篇》，崔瑗《飞龙篇》，蔡邕《圣皇篇》、《黄初篇》、《吴章篇》，蔡邕《女史篇》，合八卷，又《幼学》二卷，朱育撰；《始学》十二卷，吴郎中项峻撰；又《月仪》十二卷。亡。

《发蒙记》一卷晋著作郎束皙撰。

《启蒙记》三卷晋散骑常侍顾恺之撰。

《启疑记》三卷顾恺之撰。

《千字文》一卷梁给事郎周兴嗣撰。

《千字文》一卷梁国子祭酒萧子云注。

《千字文》一卷胡肃注。

《篆书千字文》一卷

《演千字文》五卷

《草书千字文》一卷

《千字文》及其类似著作都是六世纪新产生的,其余都是前代的蒙学教材。

二、《千字文》

《千字文》作者周兴嗣(? —521),南朝齐梁时陈郡人。《梁书》卷四十九《文学上·周兴嗣传》载:“自是《铜表铭》《栅塘碣》《北伐檄》《次韵王羲之书千字》,并使兴嗣为文,每奏,高祖辄称善,加赐金帛。”《千字文》本名《次韵王羲之书千字》,从名称上可以看出特点是押韵,内容是编排了王羲之的书法用字。关于《千字文》的编纂背景,历史记载如下:

> 《千字文》,梁周兴嗣编次,而有王右军书者,人皆不晓。其始乃梁武教诸王书。令殷铁石于大王书中拓一千字不重者,每字片纸,杂碎无序。武帝召兴嗣谓曰:“卿有才思,为我韵之。”兴嗣一夕编缀进上,鬓发皆白,而赏赐甚厚。右军孙智永禅师,自临八百本散与人间,江南诸寺各留一本。(李绰《尚书故实》)

梁武帝让周兴嗣把王羲之书法里的一千个字,按一定顺序编排,方便使用。六世纪的《千字文》不止一种,《陈书》卷十八《沈众传》云:“是时,梁武帝制《千字诗》,众为之注解。”《梁书》卷三十五《萧子范传》:“使制《千字文》,其辞甚美,王命记室蔡薳注释之。”梁武帝的《千字诗》和萧子范的《千字文》，都有人注解，但都没有流传下来。

周兴嗣的《千字文》全文如下：

天地玄黄，宇宙洪荒。日月盈昃，辰宿列张。寒来暑往，秋收冬藏。闰余成岁，律吕调阳。云腾致雨，露结为霜。金生丽水，玉出昆冈。剑号巨阙，珠称夜光。果珍李柰，菜重芥姜。海咸河淡，鳞潜羽翔。龙师火帝，鸟官人皇。始制文字，乃服衣裳。推位让国，有虞陶唐。吊民伐罪，周发殷汤。坐朝问道，垂拱平章。爱育黎首，臣伏戎羌。遐迩一体，率宾归王。鸣凤在竹，白驹食场。化被草木，赖及万方。盖此身发，四大五常。恭惟鞠养，岂敢毁伤。女慕贞洁，男效才良。知过必改，得能莫忘。罔谈彼短，靡恃己长。信使可覆，器欲难量。墨悲丝染，诗赞羔羊。景行维贤，克念作圣。德建名立，形端表正。空谷传声，虚堂习听。祸因恶积，福缘善庆。尺璧非宝，寸阴是竞。资父事君，曰严与敬。孝当竭力，忠则尽命。临深履薄，夙兴温凊。似兰斯馨，如松之盛。川流不息，渊澄取映。容止若思，言辞安定。笃初诚美，慎终宜令。荣业所基，籍甚无竟。学优登仕，摄职从政。存以甘棠，去而益咏。乐殊贵贱，礼别尊卑。上和下睦，夫唱妇随。外受傅训，入奉母仪。诸姑伯叔，犹子比儿。孔怀兄弟，同气连枝。交友投分，切磨箴规。仁慈隐恻，造次弗离。

节义廉退，颠沛匪亏。性静情逸，心动神疲。守真志满，逐物意移。坚持雅操，好爵自縻。都邑华夏，东西二京。背邙面洛，浮渭据泾。宫殿盘郁，楼观飞惊。图写禽兽，画彩仙灵。丙舍旁启，甲帐对楹。肆筵设席，鼓瑟吹笙。升阶纳陛，弁转疑星。右通广内，左达承明。既集坟典，亦聚群英。杜稿钟隶，漆书壁经。府罗将相，路侠槐卿。户封八县，家给千兵。高冠陪辇，驱毂振缨。世禄侈富，车驾肥轻。策功茂实，勒碑刻铭。盘溪伊尹，佐时阿衡。奄宅曲阜，微旦孰营。桓公匡合，济弱扶倾。绮回汉惠，说感武丁。俊义密勿，多士实宁。晋楚更霸，赵魏困横。假途灭虢，践土会盟。何遵约法，韩弊烦刑。起翦颇牧，用军最精。宣威沙漠，驰誉丹青。九州禹迹，百郡秦并。岳宗泰岱，禅主云亭。雁门紫塞，鸡田赤诚。昆池碣石，钜野洞庭。旷远绵邈，岩岫杳冥。治本于农，务兹稼穑。俶载南亩，我艺黍稷。税熟贡新，劝赏黜陟。孟轲敦素，史鱼秉直。庶几中庸，劳谦谨敕。聆音察理，鉴貌辨色。贻厥嘉猷，勉其祗植。省躬讥诫，宠增抗极。殆辱近耻，林皋幸即。两疏见机，解组谁逼。索居闲处，沉默寂寥。求古寻论，散虑逍遥。欣奏累遣，戚谢欢招。渠荷的历，园莽抽条。枇杷晚翠，梧桐蚤凋。陈根委翳，落叶飘摇。游鹍独运，凌摩绛霄。耽读玩市，寓目囊箱。易輶攸畏，属耳垣墙。具膳餐饭，适口充肠。饱饫烹宰，饥厌糟糠。亲戚故旧，老少异粮。妾御绩纺，侍巾帷房。纨扇圆洁，银烛炜煌。昼眠夕寐，蓝笋象床。弦歌酒宴，接杯举殇。矫手顿足，悦豫且康。嫡后嗣续，祭祀烝尝。稽颡再拜，悚惧恐惶。笺牒简要，顾答审详。骸垢想浴，执热愿凉。驴骡犊特，骇跃超骧。诛斩贼盗，捕获叛亡。布射僚丸，嵇琴阮箫。恬笔伦纸，钧巧任钓。释纷利俗，并皆佳妙。毛施淑姿，工颦妍笑。年矢每催，曦晖朗曜。璇玑悬斡，晦魄环照。指薪修祜，永绥吉劭。矩步引领，俯仰廊庙。束带矜庄，徘徊瞻眺。孤陋寡闻，愚蒙等诮。谓语助者，焉哉乎也。

《千字文》内容丰富，涵盖天文、地理、历史、人伦、生活，最后两句是虚词，全文带有正统观念，"都邑华夏，东西二京"，梁偏处南方，仍然认为洛阳与长安是华夏都城。继承前代蒙学教材的编排体例，按类排列，全文押韵，中间换韵，同时有大量对仗和用典故，有六朝骈文的色彩。由于《千字文》生僻字少，有一定内容，易于背诵，还由于众多书法家书写，广受欢迎，很快出现注释本，以及不同字体版本，见前面《隋书·经籍志》著录。

第二节　语音教育

汉语音韵学到了六世纪有了一定发展，出现了大量语音工具书，人们开始认识汉语的语音规律，重视语音教育。

一、六世纪的语音教育

六世纪的语音教育主要有两项内容:正音教育和语音知识教育。

(一) 关于正音教育

1.3.13 裴谳之,杨愔每称叹云:“河东士族,京官不少,唯此家兄弟,全无乡音。”裴谳之是河东闻喜人。说明在北齐,河东人有“乡音”,也就是闻喜方言语音不同于京城邺城,至于如何不同,已经不得而知。

《北史》卷三十八正传 8 人都姓裴,附传 41 人都是河东人,正传 8 人中,有 6 人是闻喜人。全部 49 人都有官职,有些曾在京城为官,所以杨愔说“河东士族,京官不少”。

裴谳之兄弟没有乡音,得益于受到良好的教育。《北史》卷三十八《裴佗传》载:“辛氏高明妇人,又闲礼度;夫丧,诸子多幼弱,广延师友,或亲自教授,内外亲属有吉凶礼制,多取则焉。”裴佗的妻子辛氏是很了不起的女性,在丈夫去世时,儿子们还小,于是请人教,或者亲自教,后来裴佗的儿子们都年幼读书,长大知名。裴让之“少好学,有文情,清明俊辩,早得声誉”,裴诹之“字士正。少好儒学,释褐太学博士”,裴谳之“七岁便勤学,早知名”,裴谋之“少有风格”,裴讷之“纯谨有局量”,裴谒之“少有志节,好直言”。

(二) 关于语音知识教育

1.6.5.3 李百药年数岁,李德林于灯下教以四声,一闻便解。

四声是汉语的声调，到了南朝，人们才逐渐分析出来，此前只是模糊地认识到汉语有声调。封演《封氏闻见记》卷二云："魏时有李登者，撰《声类》十卷，凡一万一千五百廿字。以五声命字，不立诸部。"《魏书》卷九十三《江式传》云："（吕）忱弟静别放故左校令李登《声类》之法，作《韵集》五卷，宫商角徵羽各为一篇。"最早的音韵学著作《声类》和《韵集》，把声调和韵部混在一起，说明还没有完全认清声调。

到了南朝沈约（441—513）、周颙等人，正式提出"四声"概念，对声调有了清晰认识。

> （沈约）又撰《四声谱》，以为在昔词人，累千载而不寤，而独得胸衿，穷其妙旨，自谓入神之作，高祖雅不好焉。帝问周舍曰："何谓四声？"舍曰："天子圣哲是也。"然帝竟不遵用。（《梁书》卷十三《沈约传》）
>
> （周颙）始著《四声切韵》，行于时。（《南史》卷三十四《周颙传》）

梁武帝问周舍什么是"四声"，周舍举例子说"天子圣哲"就是，梁武帝也没明白。实际上，按照中古音，"天子圣哲"四个字的声调分别是平上去入，正好是四声。

由于古代汉语没有记音符号，用汉语来描写声调，是比较难以理解的，即便到了清代还是如此，《康熙字典》前面载有一首歌诀，名为《分四声法》："平声平道莫低昂，上声高呼猛烈强，去声分明哀远道，入声短促急收藏。”纯粹看文字，不容易理解说的是什么，现在借助于记音符号，学童很快就知道四声怎么发音。李百药一听就能明白什么是四声，说明他很聪明。

二、语音教育用书

《隋书》卷三十二《经籍一·经部》小学类的音韵著作如下：

《异字同音》一卷梁有《释字同音》三卷，宋散骑常侍吉文甫撰。

《杂字音》一卷

《借音字》一卷

《音书考源》一卷

《声韵》四十一卷周研撰。

《声类》十卷魏左校令李登撰。

《韵集》十卷

《韵集》六卷晋安复令吕静撰。

《四声韵林》二十八卷张谅撰。

《韵集》八卷段弘撰。

《群玉典韵》五卷梁有《文章音韵》二卷，王该撰；又《五音韵》五卷。亡。

《韵略》一卷阳休之撰。

《修续音韵诀疑》十四卷李概撰。

《纂韵钞》十卷

《四声指归》一卷刘善经撰。

《四声》一卷梁太子少傅沈约撰。

《四声韵略》十三卷夏侯咏撰。

《音谱》四卷李概撰。

《韵英》三卷释静洪撰。

《文字音》七卷晋荡昌长王延撰。梁有《纂文》三卷，亡。

《字书音同异》一卷

以上著作现在都已失传，原因一是有些著作本身带有方言性质，“各有土风，递相非笑”（《颜氏家训·音辞》），妨碍了广泛流传；二是陆法言《切韵》出来以后，取得权威地位，唐代以后的科举考试、作诗用韵都依照《切韵》，其他韵书的价值大大降低，所以逐渐失传。

第三节　识字教育

六世纪，南北方由于没有统一的文字标准，导致乱造字增多，在这种环境下，出现了规范字形的萌芽。六世纪还出现了一部著名的字书《玉篇》。

一、六世纪识字教育

（一）关于字形

1. 俗字与乱造字。南北朝时期，战乱频繁，教育受到冲击，后果之一是乱造字现象突出。《册府元龟》卷六百八《学校部·小学》收录了部分南北朝乱造字的例子：

> 朱育，山阴人。少好奇字，凡所特达，依体像类，造作异字千名以上。位至侍中。
>
> 庾持善字书，每属辞好为奇字，文士亦以此讥之。位至太中大夫，领步兵校尉。
>
> 后魏太武始光二年初，造新字千余。诏曰："在昔帝轩创制造物，乃命仓颉因鸟兽之迹以立文字。自兹以降，随时改作，故篆隶草楷，并行于世。然经历久远，传习多失其真，故令文体错缪，会义不惬，非所以示轨则于来世也。孔子曰：名不正则事不成。此之谓矣。今制定文字，世所用者，颁下远近，永为楷式。"
>
> 后周黎季明，其从祖广，后魏太武时为尚书郎。善古学，尝从吏部尚书清河崔玄伯受字义，又从司徒崔浩学楷篆。自是家传其法，季明亦传习之，颇与许氏有异。太祖令季明正定古今文字于东阁。位至车骑大将军。
>
> 冀儁为襄乐郡守。征还，教世宗及宋献公等隶书。时俗入书学者，亦行束脩之礼，谓之谢章。儁以书字所兴，起自仓颉，若同常俗，未为合礼。遂启太祖，释奠仓颉及先圣先师。
>
> 赵文深善楷隶。太祖以隶书纰缪，命文深与黎季明、沈遐等，依《说文》及《字林》刊定六体，成一万余言，行于世。位至赵郡守。

朱育在北魏太武帝始光二年(425)造新字一千多个。庾持在写文章的时候喜欢造奇怪的字。北周黎季明家传的字不同于《说文》。

2. 字形规范。面对这些乱象,六世纪后期的有识之士开始注意改正。例如《册府元龟》记载北周太祖宇文泰让黎季明整理确定规范的古今文字。冀儁认为新造字是不合礼法的。宇文泰让赵文深、黎季明、沈遐依据《说文》《字林》整理规范文字,共一万多个,公布使用,这再次确立了《说文》在文字学上的权威地位。《颜氏家训·杂艺》记载北齐姚元标注意研究语言文字学,向他学习的人很多。

(二) 关于词义

1.6.8 颜师古少传家业,博览群书,尤精诂训。

颜师古是颜之推之孙、颜思鲁之子,擅长"诂训",即用今言解释古语。从事训诂工作,需要用到工具书。

二、识字教育用书

《隋书》卷三十二《经籍一·经部》著录了隋代以前的工具书,其中尔雅类著录了词汇词义与方言词汇著作,小学类除去蒙学类、音韵类和书法类,余下的是文字形义类。

(一) 词汇词义与方言词汇类

《尔雅》三卷汉中散大夫樊光注。梁有汉刘歆、犍为文学、中黄门李巡《尔雅》各三卷,亡。

《尔雅》七卷孙炎注。

《尔雅》五卷郭璞注。

《集注尔雅》十卷梁黄门郎沈琁注。

《尔雅音》八卷秘书学士江漼撰。梁有《尔雅音》二卷，孙炎、郭璞撰。

《尔雅图》十卷郭璞撰。梁有《尔雅图赞》二卷，郭璞撰，亡。

《广雅》三卷魏博士张揖撰。梁有四卷。

《广雅音》四卷秘书学士曹宪撰。

《小尔雅》一卷李轨略解。

《方言》十三卷汉扬雄撰，郭璞注。

《释名》八卷刘熙撰。

《辩释名》一卷韦昭撰。

以上著作，《尔雅》《广雅》《小尔雅》《方言》《释名》都流传下来了，其中郭璞注的《尔雅》和《方言》也流传下来了，其余著作与注本都失传了。

（二）文字形义类

《埤苍》三卷张揖撰。梁有《广苍》一卷，樊恭撰，亡。

《古今字诂》三卷张揖撰。梁有《难字》一卷，《错误字》一卷，并张揖撰；《异字》二卷，朱育撰；《字属》一卷，贾鲂撰。亡。

《杂字解诂》四卷魏掖庭右丞周氏撰。梁有《解文字》七卷，周成撰；《字义训音》六卷，《古今字苑》十卷，曹侯彦撰。亡。

《杂字指》一卷后汉太子中庶子郭显卿撰。

《字指》二卷晋朝议大夫李彤撰。梁有《单行字》四卷，李彤撰；又《字偶》五卷。亡。

《说文》十五卷许慎撰。梁有《演说文》一卷，庾俨默注，亡。

《说文音隐》四卷

《字林》七卷晋弦令吕忱撰。

《字林音义》五卷宋扬州督护吴恭撰。

《古今字书》十卷

《字书》三卷

《字书》十卷

《字统》二十一卷阳承庆撰。

《玉篇》三十一卷陈左卫将军顾野王撰。

《字类叙评》三卷侯洪伯撰。

《要字苑》一卷宋豫章太守谢康乐撰。梁有《常用字训》一卷，殷仲堪撰；《要用字对误》四卷，梁轻车参军邹诞生撰，亡。

《要用杂字》三卷邹里撰。梁有《文字要记》三卷，王义撰，亡。

《俗语难字》一卷秘书少监王劭撰。

《杂字要》三卷密州行参军李少通撰。

《文字整疑》一卷

《正名》一卷

《文字集略》六卷梁文贞处士阮孝绪撰。

《今字辩疑》三卷李少通撰。

《字宗》三卷薛立撰。

《文字谱》一卷梁有《古今文字序》一卷，刘歆撰；《文字统略》一卷，焦子明撰。亡。

《文字辩嫌》一卷彭立撰。

《辩字》一卷戴规撰。

《通俗文》一卷服虔撰。

《训俗文字略》一卷后齐黄门郎颜之推撰。

《证俗音字略》六卷梁有《诂幼》二卷，颜延之撰；《广诂幼》一卷，宋给事中荀楷撰。亡。

《叙同音义》三卷

《古文官书》一卷后汉议郎卫敬仲撰。

《古今奇字》一卷郭显卿撰。

《文字图》二卷

《古今字图杂录》一卷秘书学士曹宪撰。

《秦皇东巡会稽刻石文》一卷

《一字石经周易》一卷梁有三卷。

《一字石经尚书》六卷梁有《今字石经郑氏尚书》八卷，亡。

《一字石经鲁诗》六卷梁有《毛诗》二卷，亡。

《一字石经仪礼》九卷

《一字石经春秋》一卷梁有一卷。

《一字石经公羊传》九卷

《一字石经论语》一卷梁有二卷。

《一字石经典论》一卷

《三字石经尚书》九卷梁有十三卷。

《三字石经尚书》五卷

《三字石经春秋》三卷梁有十二卷。

以上著作，除了《说文》《玉篇》流传下来，其余都失传。

有的后世有辑佚，例如《通俗文》有清陈鳣辑本。

三、《玉篇》

（一）作者与版本

《玉篇》作者顾野王，《陈书》卷三十《顾野王传》载其："长而遍观经史，精记默识，天文地理、蓍龟占候、虫篆奇字，无所不通。""其所撰著《玉篇》三十卷。"顾野王知识面很广，精通虫书、篆书等稀奇的文字，撰写《玉篇》三十卷，《隋书·经籍志》著录三十一卷。

《玉篇》分为542部，唐封演《封氏闻见记》卷二云："梁朝顾野王撰《玉篇》三十卷，凡一万六千九百一十七字。"成书以后经过多次改定。《梁书》卷二十九《萧子显传附萧恺传》云："先是时太学博士顾野王奉令撰《玉篇》，太宗嫌其书详略未当，以恺博学，于文字尤善，使更与学士删改。"成书不久就经过删改。唐高宗时期，孙强对《玉篇》进行了增删，宋真宗大中祥符六年（1013），陈彭年、邱雍又对《玉篇》进行修订，收字两万两千多，和顾野王原本《玉篇》差别很大，名称也改为《大广益会玉篇》。到了清末，黎庶昌等人在日本发现原本《玉篇》残卷，才得以了解原书面貌。原本《玉篇》残卷存7卷63部2049字。以"绪"字为例，对比《原本玉篇残卷》与《大广益会玉篇》的差异。

> 绪：词旅反。《毛诗》："缵禹之绪。"传曰："绪，业也。"《尔雅》："叙、业、顺、叙，绪也。"郭璞曰："谓端绪

也。”又曰：“绪，事也。”《楚辞》：“秋之绪风。”王逸曰：“绪，余也。”野王案：谓残余也。《庄子》“曩者先生有言”是也。《说文》：“丝端也。”《广雅》：“绪，末也。”①

《原本玉篇残卷》先列出反切，再引用大量文献进行释义，后列出顾野王的按语。最后引用其他字书的释义。总计列出了四个义项。

绪：似吕切。丝端也。②

《大广益会玉篇》只列出反切，一个义项，极为简略。

（二）体例

1. 部首。原本《玉篇》已经残缺，其部首原貌已经无法再现。所幸日本空海《篆隶万象名义》尚存，此书仿照《玉篇》编纂而成，学者们曾把《篆隶万象名义》的部首与原本《玉篇》残卷的部首进行比较，结论是：“今《名义》之部目次第全与《玉篇》残卷相合。”③可以从《篆隶万象名义》窥探原本《玉篇》的部首状况。

《玉篇》542 部的排列原则，首先是“以义类聚”，其次是“据形系联”。比如卷五有“口、谷、舌、齿、牙、须、彡、彣、文、髟”10 部，其中“口、舌、齿、牙、须”都是“以义类聚”，是口部

① [梁]顾野王：《原本玉篇残卷》，中华书局，1995 年，第 123 页。
② [梁]顾野王：《大广益会玉篇》，中华书局，2002 年，第 124 页。
③ 陈建裕：《〈玉篇〉部首说略》，《阴山学刊》，1999 年第 1 期，第 34 页。

内外的器官,“谷、彡、彣、文、髟”是“据形系联”,与前一个部首在字形上有相似之处。

2. 注音。首次全面使用反切注音,例如:“食,是力反。”“哥,古何反。”

3. 释义。大量引用例证,常常加按语。例如:

> 诊,《说文》:“诊,视也。”野王案:《史记》“臣意诊其服”是也。《声类》:“诊,验也。”

（三）价值

《玉篇》上承《说文解字》,在辞书史上有重要地位,体现在:1.收录《说文解字》之后新出现的字。2.对部首编排进行改革。《说文解字》的部首排列“据形系联”,按照部首形状的相似度排列。《玉篇》突破了这一点,按照意义相近和形状相近的原则排列部首。3.首次全面使用反切注音法,记录了当时的语音系统。4.释义大量引用例证,有史料价值。5.列出多个义项。

第三节　书法教育

六世纪的书法教育,体现在一是学童增多,杰出的人物更多,但南北方不均衡;二是书法理论有进展。

一、第一章人物擅长的书体

1.1.10 颜协、1.2.1 蔡景历、1.3.27 张景仁、1.4.8 柳

弘、1.4.26 泉元礼、1.5.27 虞世基、1.6.3 房玄龄都是“工草隶”，擅长草书和隶书。1.2.15 谢贞“草隶虫篆”，擅长的书体比较多。

也有特殊之人。1.5.62□弘越“明篆籀”，擅长专书和籀书，非常罕见，似乎是谀墓。1.4.33 邓子询字并六体，这是谀墓。1.6.4 虞世南，学习的王羲之书法，“同郡沙门智永，善王羲之书，世南师焉，妙得其体”。

二、六世纪书法教育

中国古代书法教育发展到六世纪，已经有很高的成就，表现在两个方面。

一是产生大批书法家。唐窦臮《述书赋》综论书法家，从周到唐共有 198 人，其中梁、陈、北齐和隋共有 48 人，北魏和北周没有，具体名单如下：

梁 21 人：武帝、简文帝、邵陵王、元帝、萧确、萧子云、王克、陆杲、任昉、傅昭、朱异、王籍、殷钧、阮研、王褒、萧特、庾肩吾、陶弘景、江蒨、周弘让、范怀约。

陈 21 人：武帝、文帝、炀帝、沈后、新蔡王、庐陵王、永阳王、桂阳王、释智永、智果、江总、徐陵、沈君理、袁宪、毛喜、蔡景历、蔡征、顾野王、伏知道、谢嘏、贺朗。

北齐 1 人：刘珉。

隋 5 人：刘玄平、房彦谦、卢昌冲、赵文深、赵孝逸。

总计出现在第一章里的是：梁简文帝、邵陵王、梁元帝、徐陵、蔡景历、顾野王、房彦谦、虞世南、房玄龄、欧阳询。还指出了蔡景历、虞世南、房玄龄擅长的书体。

《述书赋》所列书法家，很多自身也是书法教育家。例如王褒，《述书赋》云："文深、孝逸，独慕前踪。至师子敬，如欲登龙。有宋、齐之面貌，无孔、薄之心胸。（赵文深，天水人，后周为书学博士，书迹为时所重。孝逸，汤阴人，隋四门助教，深师右军，逸效大令，甚有功业。当平梁之后，王褒入国，举朝贵胄皆师于褒，唯此二人独负二王之法。俱入隋，临二王之迹，人间往往为货耳。）"赵文深和赵孝逸两个人师法王羲之和王献之。王褒到北周以后，成为北周人物学习书法的对象。到了隋朝，赵文深和赵孝逸两人临摹的二王书法，人们常常购买。

二是书法理论有进展。一种是只评论，不评级，例如袁昂《古今书评》《评书》。评价书法家的特点，《古今书评》云："张芝惊奇，钟繇特绝，逸少鼎能，献之冠世，四英其颓，洪芳不灭。"认为张芝、钟繇、王羲之、王献之是书法发展史的四个高峰。

另一种是评定等级，也下评语，例如庾肩吾《书品》。庾肩吾（487—551），字子慎，南朝梁代文学家、书法理论家，《梁书》卷四十五有传。《书品》论述书法的演变，评论历代书法家的特色。挑选了书法家 123 人，分为九等，上之上 3 人，上之中 5 人，上之下 9 人，中之上 15 人，中之中 15 人，中之下 18 人，下之上 20 人，下之中 15 人，下之下 23 人。一一评论上等和中等书法家，下等书法家则总评。以上之上为例，在论述书法源流之后，评价入选的张芝、钟繇、王羲之3人：

> 惟张有道、钟元常、王右军其人也。张工夫第一，天然次之，衣帛先书，称为草圣。钟天然第一，工夫次之，妙尽许昌之碑，穷极邺下之牍。王工夫不及张，天然过之，天然不及钟，工夫过之。羊欣云：贵越群品，古今莫二，兼撮众法，备成一家。若孔门以书，三子入室矣，允为上之上。

以“天然”和“工夫”为评价标准。《书品·后序》：“今以九例，该此众贤，犹如玄圃积玉，炎洲聚桂，其中实相推谢，故有兹多品，然终能振此鳞翼，俱上龙门，倘后之学者，更随点曝云尔。”指出了写作目的：九个等级里的书法家都是上龙门的，有成就的，后来的学习者，跟着学就行了。

三、书法教育用书

前面所列袁昂《古今书评》《评书》、庾肩吾《书品》等书法理论著作，可以用于书法教育。

1.5.61 杨宝书传卫恒之势。“卫恒之势”指的是卫恒的《四体书势》，是一篇书法理论著作，《隋书》卷三十二《经籍一》经部小学类收录的书法类著作有：

> 《六文书》一卷
>
> 《四体书势》一卷晋长水校尉卫恒撰。

《杂体书》九卷释正度撰。

《古今八体六文书法》一卷

《古今篆隶杂字体》一卷萧子政撰。

《古今文等书》一卷

《篆隶杂体书》二卷

以上都可以看作是六世纪书法教育用书。

第四章　阅读与写作教育

阅读与写作往往联系在一起，阅读对象可以是写作范本，在阅读中积累语言和素材；在写作中深化阅读，可以照着范本摹写。六世纪的阅读与写作教育结合也很紧密，由于文学逐渐取得独立地位，这个时期的文学阅读与写作很受重视，并且出现了擅长写作的女性。

第一节　阅读读本

六世纪的阅读读本，不仅有儒家经典著作，受时代背景影响，还有玄学著作、佛学经文以及文人别集，范围更广了。

一、第一章人物阅读读本

下面统计第一章人物阅读的对象及其出现次数，借以窥探六世纪的阅读读本概况。

(一) 读本名目及出现次数

1. 经部：

易类：《周易》(含《易》)13 次，《郑易》1 次。

书类：《尚书》(含《书》)9 次。

诗类：《诗经》(含《诗》《毛诗》)18 次。

礼类:《三礼》9 次,《三礼义宗》1 次,《二礼》1 次,《礼》7 次,《仪礼》1 次,《礼记》4 次,《周礼》(含《周官》)4 次,《丧服》1 次,《曲礼》1 次。

春秋类:《春秋三传》(含《三传》)5 次,《左传》(含《春秋左氏传》《左氏传》《春秋左氏》《左氏春秋》《传》)15 次,《服氏春秋》1 次。

孝经类:《孝经》18 次。

论语类:《论语》13 次。

尔雅类:《雅》(即《尔雅》)1 次。

五经类:《五经》6 次。

2. 史部:

《三史》1 次。

《汉书》3 次。

3. 子部:

道家:《老子》(含《老》)10 次,《庄子》(含《庄》《庄周》)5 次。

兵家:《三略》、《穰苴》(即《司马法》)、《孙子》(即《孙子兵法》)各 1 次。

佛教:《成实论》《维摩经》《无量寿经》《胜鬘经》《涅槃经》各 1 次。

4. 集部:

《骚》(即《离骚》)2 次。

《女诫》《三都赋》《蜀都赋》《玄览(赋)》《言志(赋)》《杂赋

集》《沈约集》《何逊集》各 1 次。

此外还有笼统的图纬 1 次、兵书 5 次、佛经 1 次、诗赋 2 次。更加笼统的经史、子史、百氏，则不统计。

（二）读本分析

1. 四部中出现次数最多的是经部。单本出现次数最多的是《孝经》《诗经》，都是 18 次，其次是《左传》15 次、《周易》13 次。另外礼学类出现总次数多，《三礼》9 次，《礼》7 次，《礼记》与《周官》各 4 次。

（1）《孝经》出现 18 次，《论语》出现 13 次，其中有 11 次是与《孝经》同时出现，这两本著作是经部里篇幅最短、语句最容易理解的，适合少儿阅读。《北史》卷八十一《儒林传序》云："《论语》、《孝经》，诸学徒莫不通讲。"这两本是南北朝时期所有学生都要学的。

（2）《诗经》是诗歌总集，适合少儿阅读。

（3）《左传》有 19.9 万多字，是十三经里字数最多的，远远超出字数第二多的《礼记》9.9 万字。少儿能读《左传》，说明造诣高。

（4）《周易》出现次数多，原因之一是它属于玄学，玄学必读著作是《周易》《老子》《庄子》。《颜氏家训·勉学》："《庄》、《老》、《周易》，总谓'三玄'。"《老子》出现 10 次，数量比较大，也是这个原因。

（5）礼学类著作出现多的原因，一是"战乱后重新整合社会秩序,离不开礼仪的实施及礼学的教化”。[①] 二是宗族观念强,需要礼学来维护等级与亲疏关系。

(6)《春秋三传》出现 5 次,但《公羊传》和《穀梁传》没有单独出现,这是因为二书在南北朝不受重视。《北史》卷八十一《儒林传序》:“其《公羊》、《穀梁》二传,儒者多不厝怀。”

2. 史部出现得最少。

3. 子部。(1)玄学原因导致《老子》《庄子》出现次数多。(2)三种兵书各 1 次,还有“兵书”出现 5 次,出现在北齐、北周和隋,说明北朝比南朝重视兵学。(3)读《成实论》的是 1.2.22 陆瑜,他还向周弘正学《庄》《老》,说明南朝儒、释、道、玄并立的风气更胜。另外 4 种佛经都是 1.6.22 静感禅师所读。

4. 集部。赋有 4 个单篇,1 个总集,还有《沈约集》《何逊集》1 次,说明六世纪文学越来越受重视。

总体来看,六世纪的阅读以儒家经部文献为主,其他著作为辅,阅读覆盖面广。

二、六世纪阅读读本

从以上分析可以看出,六世纪人物的阅读面还是比较广的,实际阅读的读本会远远超出以上范围。结合《隋书·经籍志》简要分析并列举六世纪阅读读本。

(一) 经部

《隋书》卷三十二《经籍一》是经部,分为易、书、诗、礼、

---

① 陆建华、夏当英:《南北朝礼学盛因探析》,《孔子研究》,2000 年第 5 期,第 89 页。

乐、春秋、孝经、论语、纬书、小学，共十类。六世纪人物阅读的读本，以上十类除了乐类，其他都有。乐类专业性强，并且主要用于演奏，不适合少儿阅读。

经部注本多，六世纪流传的注本南北有差异，《北史》卷八十一《儒林传序》梳理了南北朝经学传授的梗概：

> 大抵南北所为章句，好尚互有不同。江左，《周易》则王辅嗣，《尚书》则孔安国，《左传》则杜元凯。河洛，《左传》则服子慎，《尚书》、《周易》则郑康成。《诗》则并主于毛公，《礼》则同遵于郑氏。南人约简，得其英华；北学深芜，穷其枝叶。

南方和北方流行的经学读本有差异：《周易》南方用王弼的《周易注》，北方用郑玄的《周易注》；《尚书》南方用孔安国的《尚书传》，北方用郑玄的《古文尚书注》；《左传》，南方用杜预的《春秋左氏经传集解》，北方用服子慎的《春秋左氏传解谊》。《诗经》、《三礼》都用郑玄的注本。南方和北方注本的差别是，南方简约，吸收精华；北方繁杂，细节也不放过。

前面的《郑易》就是 1.3.28 北齐权会读的郑玄《周易注》，《服氏春秋》就是 1.3.25 北齐刘昼读服子慎的《春秋左氏传解谊》。

（二）史部

史部书少儿阅读得少，第一章只有《汉书》出现 3 次。

《隋书》卷三十三《经籍二》是史部，正史类著录《史记》著作 4 种，《汉书》著作 18 种，说明在隋代以前，《汉书》比《史记》受重视。

（三）子部

《老子》《庄子》是玄学必读著作，《隋书》卷三十四《经籍三》是子部，道家类著录《老子》著作 18 种，《庄子》著作 19 种。

北魏到北齐的佛经数量，《魏书》卷一百一十四《释老志》云："自魏有天下，至于禅让，佛经流通，大集中国，凡有四百一十五部，合一千九百一十九卷。"隋代佛经数量，《隋书》卷三十五《经籍四》统计："右一千九百五十部，六千一百九十八卷。"比北齐的数量多出许多，重要原因是增加了南朝的部分。

（四）集部

《隋书》卷三十五《经籍四》是集部，分为楚辞、别集、总集，总集类第六章再阐述。楚辞类有 10 种。关于别集，"右四百三十七部，四千三百八十一卷"。这是隋代及以前别集的数量。《隋书》卷三十五《经籍四》云：

> 别集之名，盖汉东京之所创也。自灵均已降，属文之士众矣，然其志尚不同，风流殊别。后之君子，欲观其体势，而见其心灵，故别聚焉，名之为集。辞人景慕，并自记载，以成书部。年代迁徙，亦颇遗散。其高唱绝俗

者，略皆具存，今依其先后，次之于此。

别集起源于东汉。后代人为了“观其体势，而见其心灵”，出现别集。随着时代变迁，有些别集失传了，但是杰出的基本上都流传下来了。六世纪人物能读到的别集，除了前面的《沈约集》，数量还很多，下面列举《隋书·经籍志》收录的梁、陈、北魏、北齐、北周的文集，后魏的部分实际上是东魏的。

《梁武帝集》二十六卷梁三十二卷。

《梁武帝诗赋集》二十卷

《梁武帝杂文集》九卷

《梁武帝别集目录》二卷

《梁武帝净业赋》三卷

《梁简文帝集》八十五卷陆罩撰并录。

《梁元帝集》五十二卷

《梁元帝小集》十卷

梁《昭明太子集》二十卷梁有《梁安成王集》三十卷，亡。

梁《岳阳王詧集》十卷

《梁王萧肖集》十卷

梁《邵陵王纶集》六卷

梁《武陵王纪集》八卷

梁《萧琮集》七卷梁又有《安成炀王集》五卷，亡。

梁司徒谘议《宗夬集》九卷并录。

梁国子博士《丘迟集》十卷并录。梁十五卷,又有《谢朏集》十五卷,亡。

梁金紫光禄大夫《江淹集》九卷梁二十卷。

《江淹后集》十卷

梁尚书仆射《范云集》十一卷并录。

梁太常卿《任昉集》三十四卷梁有晋安太守《谢纂集》十卷,抚军将军《柳惔集》二十卷,中护军《柳恽集》十二卷,豫州刺史《柳憕集》六卷,尚书令《柳忱集》十三卷,义兴郡丞《何僩集》三卷,抚军中兵参军《韦温集》十卷,镇西录事参军《到洽集》十一卷,太子洗马《刘苞集》十卷,南徐州秀才《诸葛璩集》十卷,亡。

梁特进《沈约集》一百一卷并录。梁又有《谢绰集》十一卷,亡。

梁中军府谘议《王僧孺集》三十卷

梁尚书左丞《范缜集》十一卷

梁护军将军《周舍集》二十卷梁有秘书张炽《金河集》六十卷,《刘敲集》八卷,玄贞处士《刘訏集》一卷,亡。

《梁萧洽集》二卷

梁隐居先生《陶弘景集》三十卷

《陶弘景内集》十五卷

梁征士《魏道微集》三卷

梁黄门郎《张率集》三十八卷

梁南徐州治中《王冏集》三卷

梁都官尚书《江革集》六卷

梁奉朝请《吴均集》二十卷

梁光禄大夫《庾昙隆集》十卷并录。

梁仪同三司《徐勉前集》三十五卷

《徐勉后集》十六卷并序录。

梁吏部郎《王锡集》七卷并录。

梁尚书左仆射《王暕集》二十一卷

梁平西刑狱参军《刘孝标集》六卷

梁鸿胪卿《裴子野集》十四卷

梁仁威府长史《司马褧集》九卷

梁《萧子晖集》九卷

梁始兴内史《萧子范集》十三卷

梁建阳令《江洪集》二卷

梁镇西府记室《鲍畿集》八卷

梁尚书祠部郎《虞皭集》十卷

梁新田令《费昶集》三卷

梁《萧几集》二卷

梁东阳郡丞《谢瑱集》八卷

梁通直郎《谢琛集》五卷

梁仁威记室《何逊集》七卷梁有安西记室《刘缓集》四卷，沙门《释智藏集》五卷，亡。

梁太常卿《陆倕集》十四卷

梁廷尉卿《刘孝绰集》十四卷

梁都官尚书《刘孝仪集》二十卷

梁太子庶子《刘孝威集》十卷

梁东阳太守《王揖集》五卷

梁黄门郎《陆云公集》十卷

梁国子祭酒《萧子云集》十九卷

梁征西府长史《杨眺集》十一卷并录。

梁太子洗马《王筠集》十一卷并录。

王筠《中书集》十一卷并录。

王筠《临海集》十一卷并录。

王筠《左佐集》十一卷并录。

王筠《尚书集》九卷并录。

梁西昌侯《萧深藻集》四卷并录。

梁中书郎《任孝恭集》十卷

梁平北府长史《鲍泉集》一卷

梁雍州刺史《张缵集》十一卷并录。

梁尚书仆射《张绾集》十一卷并录。

梁度支尚书《庚肩吾集》十卷

梁太常卿《刘之遴前集》十一卷

《刘之遴后集》二十一卷

梁豫章世子侍读《谢郁集》五卷

梁安成蕃王《萧欣集》十卷

梁中书舍人《硃超集》一卷

梁护军将军《甄玄成集》十卷并录。

梁散骑常侍《沈君游集》十三卷

梁《临安恭公主集》三卷武帝女。

梁征西记室范靖妻《沈满愿集》三卷

梁太子洗马徐悱妻《刘令娴集》三卷

后魏司空《高允集》二十一卷

后魏司农卿《李谐集》十卷

后魏太常卿《卢元明集》十七卷

后魏司空祭酒《袁跃集》十三卷

后魏著作佐郎《韩显宗集》十卷

后魏散骑常侍《温子升集》三十九卷

后魏太常卿《阳固集》三卷

北齐特进《邢子才集》三十一卷

北齐尚书仆射《魏收集》六十八卷

北齐仪同《刘逖集》二十六卷

后周《明帝集》九卷

后周《赵王集》八卷

后周《滕简王集》八卷

后周仪同《宗懔集》十二卷并录。

后周沙门《释亡名集》十卷

后周小司空《王褒集》二十一卷并录。

后周少傅《萧捴集》十卷

后周开府仪同《庾信集》二十一卷并录。

《陈后主集》三十九卷

《陈后主沈后集》十卷

陈大匠卿《杜之伟集》十二卷

陈金紫光禄大夫《周弘让集》九卷

陈《周弘让后集》十二卷

陈侍中《沈炯前集》七卷

陈《沈炯后集》十三卷

陈沙门《释标集》二卷

陈沙门《释洪偃集》八卷

陈沙门《释瑗集》六卷

陈沙门《释灵裕集》四卷

陈尚书仆射《周弘正集》二十卷

陈镇南府司马《阴铿集》一卷

陈左卫将军《顾野王集》十九卷

陈沙门《策上人集》五卷

陈尚书左仆射《徐陵集》三十卷

陈右卫将军《张式集》十四卷

陈尚书度支郎《张正见集》十四卷

陈司农卿《陆琰集》二卷

陈少府卿《陆玠集》十卷

陈光禄卿《陆瑜集》十一卷并录。

陈护军将军《蔡景历集》五卷

陈沙门《释暠集》六卷

陈御史中丞《褚玠集》十卷

陈安右府谘议《司马君卿集》二卷

陈著作佐郎《张仲简集》一卷

梁代文教发达，别集数量最多，并且还有女性的别集。北齐的数量最少。陈和北周还有僧人的别集。

第二节　阅读方法与指导

六世纪的阅读文本增多，面对众多阅读对象，阅读方法教育显得更加有必要。

一、阅读方法

1.诵。六世纪阅读最常用的方法是“诵”，诵读或者背诵，这也是中国古代最常用的阅读方法。以第一章为例：

1.1.2 梁元帝年五岁诵《曲礼》。

1.1.3 昭明太子三岁受《孝经》、《论语》，五岁遍读五经，悉能讽诵。

1.1.7 萧大钧年七岁讽诵《诗经》。

1.1.9 陆云公五岁诵《论语》、《毛诗》，九岁读《汉书》，略能记忆。

1.2.4 马枢六岁能诵《孝经》、《论语》、《老子》。

1.2.10.1 姚察六岁，诵书万余言。

1.3.14 傅縡七岁诵古诗赋至十余万言。

1.2.15 谢贞受《论语》、《孝经》，读讫便诵。

1.2.25 阴铿五岁能诵诗赋，日千言。

1.3.4 高正礼能诵《左氏春秋》。

1.3.7 王纮十三诵《孝经》。

1.3.10.1 徐之才五岁诵《孝经》，八岁略通义旨。

1.3.10.2 徐之才五岁诵《孝经》，八年通《论语》。

1.3.11 杨愔诵《诗》。

1.3.17 邢邵日诵万余言。读《汉书》，五日，略能遍记之。

1.3.19《何逊集》，元文遥一览便诵，时年十余岁。

1.3.29 孙灵晖年七岁，日诵数千言。

1.3.31 释法上，九岁得《涅槃经》披而诵之。

1.4.4 宇文震年十岁，诵《孝经》、《论语》、《毛诗》。

1.4.7 于杂赋集中取赋一篇，千有余言。柳庆立读三遍，便即诵之，无所遗漏。

1.4.11 斛斯征五岁诵《孝经》、《周易》。

1.5.5 李德林年数岁，诵左思《蜀都赋》，十余日便度。年十五，诵五经及古今文集，日数千言。

1.5.8 杨异龆龀就学，日诵千言，见者奇之。

1.5.17 陆爽年九岁就学，日诵二千余言。

1.5.25 郎茂七岁诵《骚》、《雅》，日千余言。

1.5.26 房彦谦年七岁，诵数万言。

1.5.43 庾季才八岁诵《尚书》。

1.5.44 庾质八岁诵梁世祖《玄览》、《言志》等十赋。

1.5.45 卢太翼七岁诣学，日诵数千言。

1.6.9.2 孔颖达八岁就学，诵记日千余言，暗记《三礼义宗》。

1.6.15 孔绍安十三诵古文集数十万言。

1.6.17.1 孙思邈七岁就学，日诵千余言。

1.6.22 静感禅师童稚诵维摩经、无量寿经、胜鬘经，转一切经一遍，夕晨无暇，诵习如流。

以上众人记忆力都很强，儿童阶段都能背诵若干字数。再比如 1.2.11 陆云公受梁武帝诏校定《棋品》，到溉、朱异以下并集。陆琼时年八岁，于客前覆局，由是京师号曰神童（《陈书》卷三十《陆琼传》）。1.2.22 陆瑜“幼长读书，昼夜不废，聪敏强记，一览无复遗失”。

2. 浏览。浏览的速度比较快，可以读到更多的书。1.3.17 邢邵看书“五行俱下”，有些夸张。第一章人物采用浏览方法的也很多，以“博”字词语为例：

博涉 16 次。（1.1.10 颜协、1.3.49 梁伽耶、1.3.50 张僧显、1.4.5 宇文招、1.4.7 柳庆、1.4.8 柳弘、1.4.15 柳虬、1.4.20 颜之仪、1.5.8 杨异、1.5.10 贺若弼、1.5.15 明克让、1.5.16 魏澹、1.5.36 孙万寿、1.5.39 杜正玄、1.5.61 杨宝、1.5.67 宋文成）

博览 13 次。（1.3.5 宋绘、1.3.16 陆印、1.3.30 颜之推、1.4.1 北周明帝、1.4.9 苏绰、1.5.34 崔儦、1.5.41 张文诩、1.6.3 房玄龄、1.6.6 褚亮、1.6.8 颜师古、1.6.13 欧阳询、1.6.34 徐蓍、1.4.21 庾信）

博极 3 次。（1.2.4 马枢、1.3.47 石信、1.5.62 庞氏）

博观 1 次。（1.4.22 萧捴）

博通1次。(1.5.48释智舜)

以上人物都是大量浏览。

3.抄书。抄书也是阅读的常用方法。《颜氏家训·勉学》载:“东莞臧逢世,年二十余,欲读班固《汉书》,苦假借不久,乃就姊夫刘缓乞丐客刺书翰纸末,手写一本,军府服其志尚,卒以《汉书》闻。”

4.读思结合。读书结合思考,1.4.3宇文贵始读《孝经》,曰:“读此一经,足为立身之本。”1.5.7韦师始读《孝经》,叹曰:“名教之极,其在兹乎!”

5.切磋。1.3.10.1徐之才回答刘孝绰、裴子野、张嵊讨论《周易》《丧服》遇到的疑难。1.6.5.1李百药以杜预《春秋左氏经传集解》观点回答徐陵文中的难点。

二、阅读指导

长辈或尊者用提问的方法,可以激励读书。1.1.9陆倕、刘显提问陆云公读《论语》《毛诗》《汉书》。1.2.2刘显提问韦载读《汉书》。1.2.3陆倕提问虞荔《五经》。1.3.7郭元贞提问王纮读《孝经》。1.3.6甄琛策问杜弼。1.3.12裴诹之“尝从常景借书百卷,十许日便返。景疑其不能读,每卷策问,应答无遗”,尽管有些夸大事实,但确是一种激励学童读书的有效方式。

第三节 写作文体

六世纪写作训练的文体,有应用文也有文学作品,由于文学的地位上升，文学的文体也在增多。

一、第一章写作文体分析

（一）擅长写文章

（1）笼统能/解/善“属文”的

1.2.7 徐陵八岁能属文。

1.2.10.1 姚察年十二便能属文。

1.3.14 傅縡能属文。

1.3.17 邢邵十岁便能属文。

1.3.18 魏收年十五颇已属文。

1.4.1 北周明帝善属文。

1.4.15 柳虬雅好属文。

1.4.17 李昶幼年已解属文。

1.4.22 萧撝年十二好属文。

1.4.25 刘祥年十岁能属文。

1.4.31 后周檀翥解属文。

1.5.10 贺若弼解属文。

1.5.16 魏澹善属文。

1.5.18 辛德源年十四解属文。

1.5.35 诸葛颍年八岁能属文。

1.5.36 孙万寿善属文。

1.5.40 崔赜七岁能属文。

1.6.3 房玄龄善属文。

1.6.5.1 李百药七岁解属文。

1.6.6 褚亮善属文。

1.6.8 颜师古善属文。

以上人物最小七岁，最大十五岁，学会写文章。还有四人也擅长写文章，具体的文体不清楚。

1.2.23 徐伯阳年十五，以文笔称。

1.3.5 宋绘好撰述。

1.6.15 孔绍安少与兄绍新，俱以文词知名。

1.6.16 贺德仁少与从兄基咸以词学见称。

(2) 具体写某类文章

1.1.5 萧纶善属文，尤工尺牍。

1.2.1 蔡景历善尺牍。

1.2.8 徐份年九岁，为《梦赋》，徐陵见之，谓所亲曰："吾幼属文，亦不加此。"

1.2.12 陆从典八岁，读沈约集，见回文研铭，从典援笔拟之，便有佳致。年十三，作《柳赋》，其词其美。

1.2.13 顾野王九岁能属文，尝制《日赋》，领军朱异见而奇之。年十二，随父之建安，撰《建安地记》二篇。

1.2.21 岑之敬年十六，策《春秋左氏》、制旨《孝经》义，擢为高第。

1.2.24 张正见年十三，献颂，简文深赞赏之。

1.3.20 崔季舒长于尺牍。

1.3.49 梁伽耶尤长辞牍。

1.3.51 崔德雕虫小赋，时存于笔下。

1.4.14 苏亮好属文，善章奏。

1.4.20 颜之仪好为词赋。

1.4.32 李旭年十数岁，为《明堂赋》，虽优洽未足，才制可称，观者咸曰有家风矣。

1.5.14 薛道衡年十三，作《国侨赞》，颇有词致，见者奇之。

1.5.19 许善心十五解属文，笺上父友徐陵，陵大奇之。

1.5.53 韦略便文牍。

擅长应用文体的 8 人，其中尺牍 5 人，章奏 1 人，对策 1 人，笺 1 人。擅长文学文体 8 人，有赋、颂、赞、铭、游记。

(3) 写作特点

1.1.11 萧纪有文才，属辞不好轻华，甚有骨气。

1.2.20 杜之伟，仆射徐勉尝见其文，重其有笔力。

1.4.5 宇文招好属文。学庾信体，词多轻艳。

1.5.38 潘徽善属文，能持论。

1.6.4 虞世南善属文，常祖述徐陵，陵亦言世南得己之意。

六世纪尤其是梁代以后，文坛盛行徐庾体。《周书》卷四十一《庾信传》云："时肩吾为梁太子中庶子，掌管记。东海徐摛为左卫率。摛子陵及信，并为抄撰学士。父子在东宫，出入禁闼，恩礼莫与比隆。既有盛才，文并绮艳，故世号为徐、庾体焉。"徐摛、徐陵父子，与庾肩吾、庾信父子，文风"绮艳"，号称徐庾体。宇文招、虞世南的文风继承徐庾体。

也有不赞同徐庾体的，潘徽写文章有主见，萧纪、杜之伟的文章有骨气、有笔力，不轻浮。

（二）擅长作诗

1.1.1 简文帝雅好题诗，其序云："余七岁有诗癖，长而不倦。"然伤于轻艳，当时号曰"宫体"。

1.2.11 陆琼六岁为五言诗，颇有词采。

1.2.15 谢贞八岁，尝为《春日闲居》五言诗，从舅尚书王筠奇其有佳致，谓所亲曰："此儿方可大成，至如'风定花犹落'，乃追步惠连矣。"由是名辈知之。

1.5.1 于宣敏年十一，诣周赵王招，王命之赋诗。宣敏为诗，甚有幽贞之志。王大奇之，坐客莫不嗟赏。

1.5.15 堂边有修竹，朱异令明克让咏之。明克让揽笔辄成。

1.5.24 鲍宏年十二，能属文，尝和湘东王绎诗，绎嗟赏不已。

1.6.2 陈叔达年十余岁，尝侍宴，赋诗十韵，援笔便就，仆射徐陵甚奇之。

有 7 人擅长作诗。梁简文帝擅长写宫体诗，辞藻华丽。陆琼的诗"有词采"。鲍宏的诗得到萧绎赞赏，陈叔达的诗让徐陵感到惊奇。这 4 人的诗风应该属于宫体诗一类。谢贞的一句"风定花犹落"，动静结合，很朴素。于宣敏的诗"有幽贞之志"。这两人的诗风应该不属于宫体诗一类。明克让诗风不详。

二、六世纪写作文体

以现存《昭明文选》为例，分析六世纪写作文体。

《昭明文选》原名《文选》，是昭明太子萧统编选的，所以又称《昭明文选》。萧统（501—531），是梁武帝的长子，受教育很早（见 1.1.3）。《梁书》卷八《昭明太子传》云：

> 引纳才学之士，赏爱无倦。恒自讨论篇籍，或与学士商榷古今；闲则继以文章著述，率以为常。于时东宫有书几三万卷，名才并集，文学之盛，晋、宋以来未之有也。……所著文集二十卷；又撰古今典诰文言，为《正序》十卷；五言诗之善者，为《文章英华》二十卷；《文选》三十卷。

萧统招揽文学之士，自己喜欢文学创作，藏书丰富，有这些条件，他编选的《文选》更有代表性。

《昭明文选》选录了从周到南朝梁约 800 年间 129 位有名作者和少数佚名作者 700 多篇文学作品，原书共 30 卷，唐代李善作注时分为 60 卷，其中为赋 19 卷，诗 12 卷，骚 2 卷，七 1 卷，诏、册 1 卷，令、教、文 1 卷，表 2 卷，上书、启 1 卷，弹事、笺、奏记 1 卷，书、移 3 卷，檄 1 卷，对问、设论、辞、序 2 卷，颂、赞 1 卷，符命 1 卷，史论、史述赞 2 卷，论、连珠 5 卷，箴、铭、诔、哀、碑文、墓志 4 卷，行状、吊文、祭文 1 卷。选文以“事出于沉思，义归乎翰藻”为原则，没有收录经、史、子部作品。

《昭明文选》的 38 类文体,可以分类:(1)单个文体数量,最多的是赋 19 卷,其次是诗 12 卷,赋细分为京都、郊祀、耕籍等 15 门,诗细分为补亡、述德、劝励等 23 门。(2)大类文体数量,赋、骚、七可以归为一类,共 22 卷,诗 12 卷,其余归为杂文,以应用文为主,共 26 卷。

以上文体数量,与第二章人物写作的具体文体,倾向相同。(1)由于文体数量太多,所以笼统能/善/解"属文"的人最多;(2)擅长写赋、作诗的人数量较明显,与《昭明文选》的这两个文体的数量最多,倾向相同。

第四节　写作训练

写作受时代风气影响最大,一个时代的文风影响一个时代的写作训练方式。

一、写作方式

1. 拟写。模仿别人的文章,照着写,这是学童学写作的一种重要方式。一种是模拟一篇,照着写。例如 1.2.12 陆从典读沈约集,见回文研铭,援笔拟之。还有一种方式是学习某人的写作文风,例如 1.4.5 宇文招学庾信。1.6.4 虞世南学徐陵。

2. 命题写作。一是自己命题,例如 1.2.8 徐份写《梦赋》,1.2.12 陆从典写《柳赋》,1.2.13 顾野王写《日赋》《建安地记》,1.2.15 谢贞写《春日闲居》五言诗,1.4.32 李旭写《明堂赋》,1.5.14 薛道衡写《国侨赞》,1.5.24 鲍宏和萧绎的诗。另一种是长辈命题,例如 1.5.1 宇文招让于宣敏赋诗,1.5.15 朱异令明克让咏竹。

3.参加活动。1.6.2 陈叔达侍宴赋诗十韵。在南朝尤其是梁陈,侍宴赋诗是常有的事情,往往同一次宴会上有多人写诗。例如陈后主《上巳玄圃宣猷嘉辰禊酌各赋六韵以次成篇诗》,小注:"座有张式、陆琼、顾野王、陆琢、岑之敬等五人上。"有五人侍宴赋诗。《立春日泛舟玄圃各赋一字六韵成篇》,小注:"座有张式、陆琼、顾野王、谢伸、褚玠、王缘、傅縡、陆瑜、姚察等九人上。"有九人侍宴赋诗。

二、写作范本

《隋书》卷三十五《经籍四》总述总集类云:"总集者,以建安之后,辞赋转繁,众家之集,日以滋广,晋代挚虞苦览者之劳倦,于是采摘孔翠,芟剪繁芜,自诗赋下,各为条贯,合而编之,谓为《流别》。是后文集总钞,作者继轨,属辞之士,以为覃奥,而取则焉。"认为建安以后,文学创作增多,晋代挚虞为了减少读者查找的辛苦,按类编纂,这是总集的开端。后来的文学创作之士,把总集看作宝藏,从里面取法。

因此,文学总集一开始就是用来学习取法的,可以看作是写作范本。"晋南北朝总集编撰担当了文学教育的责任和义务,目的是为培养文学创作人才、繁荣文学创作服务。"[①]《隋

① 许云和:《经典构建:〈隋书·经籍志〉总集的范式意义》,《文学遗产》,2015 年第 4 期,第 46 页。

书》卷三十五《经籍四》总集类，除去文学理论类，其余如下：

《文章流别集》四十一卷梁六十卷，志二卷，论二卷，挚虞撰。

《文章流别志》、《论》二卷挚虞撰。

《文章流别本》十二卷谢混撰。

《续文章流别》三卷孔宁撰。

《集苑》四十五卷梁六十卷。

《集林》一百八十一卷宋临川王刘义庆撰。梁二百卷。

《集林钞》十一卷

《集钞》十卷沈约撰。梁有《集钞》四十卷，丘迟撰，亡。

《集略》二十卷

《撰遗》六卷梁又有《零集》三十六卷，亡。

《翰林论》三卷李充撰。梁五十四卷。

《文苑》一百卷孔道撰。

《文苑钞》三十卷

《文选》三十卷梁昭明太子撰。

《词林》五十八卷

《文海》五十卷

《吴朝士文集》十卷梁十三卷。又有《汉书文府》三卷，亡。

《巾箱集》七卷梁有《文章志录杂文》八卷，谢沈撰，又《名士杂文》八卷，亡。

《妇人集》二十卷梁有《妇人集》三十卷，殷淳撰。又有《妇人集》十一卷，亡。

《妇人集钞》二卷

《杂文》十六卷为妇人作。

《文选音》三卷萧该撰。

《赋集》九十二卷谢灵运撰。梁又有《赋集》五十卷，宋新渝惠侯撰；《赋集》四十卷，宋明帝撰；《乐器赋》十卷；《伎艺赋》六卷。亡。

《赋集钞》一卷

《赋集》八十六卷后魏秘书丞崔浩撰。

《续赋集》十九卷残缺。

《历代赋》十卷梁武帝撰。

《皇德瑞应赋颂》一卷梁十六卷。

《五都赋》六卷并录。张衡及左思撰。

《杂都赋》十一卷梁《杂赋》十六卷。又《东都赋》一卷，孔逭作；《二京赋音》二卷，李轨、綦毋邃撰；《齐都赋》二卷并音，左思撰；《相风赋》七卷，傅玄等撰；《迦维国赋》二卷，晋右军行参军虞干纪撰；《遂志赋》十卷，《乘舆赭白马》二卷。亡。

《述征赋》一卷

《神雀赋》一卷后汉傅毅撰。

《杂赋注本》三卷梁有郭璞注《子虚上林赋》一卷，薛综注张衡《二京赋》二卷，晁矫注《二京赋》一卷，傅巽注《二京赋》二卷，张载及晋侍中刘逵、晋怀令卫权注左思《三都赋》三卷，綦毋邃注《三都赋》三卷，项氏注《幽通赋》，萧广济注木玄虚《海赋》一卷，徐爰注《射雉赋》一卷，亡。

《献赋》十八卷

《围棋赋》一卷梁武帝撰。

《观象赋》一卷

《洛神赋》一卷孙壑注。

《枕赋》一卷张君祖撰。

《二都赋音》一卷李轨撰。

《百赋音》十卷宋御史褚诠之撰。梁有《赋音》二卷，郭徵之撰；《杂赋图》十七卷。亡。

《集雅篇》五卷

《靖恭堂颂》一卷晋凉王李濡撰。梁有《颂集》二十卷，王僧绰撰；《木连理颂》二卷，太元十九年群臣上。亡。

《诗集》五十卷谢灵运撰。梁五十一卷。又有宋侍中张敷、袁淑补谢灵运《诗集》一百卷；又《诗集》百卷，并例、录二卷，颜峻撰；《诗集》四十卷，宋明帝撰；《杂诗》七十九卷，江邃撰；《杂诗》二十卷，宋太子洗马刘和注；《二晋杂诗》二十卷；《古今五言诗美文》五卷，荀绰撰；《诗钞》十卷。亡。

《诗集钞》十卷谢灵运撰。梁有《杂诗钞》十卷，录一卷，谢灵运撰，亡。

《古诗集》九卷

《六代诗集钞》四卷梁有《杂言诗钞》五卷，谢朏撰，亡。

《诗英》九卷谢灵运集。梁十卷。又有《文章英华》三十卷，梁昭明太子撰，亡。

《今诗英》八卷

《古今诗苑英华》十九卷梁昭明太子撰。

《诗缵》十三卷

《众诗英华》一卷

《诗类》六卷

《玉台新咏》十卷徐陵撰。

《百志诗》九卷干宝撰。梁五卷。又有《古游仙诗》一卷；应贞注应璩《百一诗》八卷；《百一诗》二卷，晋蜀郡太守李彪撰。亡。

齐《释奠会诗》一十卷

《齐宴会诗》十七卷

《青溪诗》三十卷齐宴会作。梁有魏、晋、宋《杂祖饯宴会诗集》二十一部，一百四十三卷，亡，今略其数。

《西府新文》十一卷并录。梁萧淑撰。

《百国诗》四十三卷

《文林馆诗府》八卷后齐文林馆作。

《古乐府》八卷

《文会诗》三卷陈仁威记室徐伯阳撰。

《五岳七星回文诗》一卷梁有《杂诗图》一卷，亡。

《毛伯成诗》一卷伯成，东晋征西参军。

《春秋宝藏诗》四卷张胐撰。

《江淹拟古》一卷罗潜注。

《乐府歌辞钞》一卷

《歌录》十卷

《古歌录钞》二卷

三、写作指导思想

1. 宫体诗

南朝齐代和梁代产生齐梁体，诗歌的题材狭窄，形式上注重辞藻和声律,典型代表是宫体诗。1.1.1 梁简文帝萧纲开创宫体诗,特点是“轻艳”,萧纲亲自倡导宫体诗,通过周围的文士,影响着一代诗风。在萧纲影响下的徐庾体,特点是“绮艳”。徐陵编选《玉台新咏》,据《序》云:“选录艳歌,凡为十卷。”选录汉代至梁代诗歌,计有五言诗 8 卷,歌行 1 卷,五言四句诗 1 卷,共 10 卷,以“艳歌”为主,内容有很多是男女感情记叙,是宫体诗的代表。1.4.5 宇文招学庾信体,1.6.4 虞世南学徐陵。所以宫体诗在六世纪有很多学习者,影响着当时的诗歌创作。

宫体诗的特点主要有三个。

(1) 注重辞藻

丽姐与妖嫱,共拂可怜妆。同安鬟里拨,异作额间黄。罗裙宜细简,画屧重高墙。含羞未上砌,微笑出长廊。取花争间镊,攀枝念蕊香。但歌聊一曲,鸣弦未肯张。自矜心所爱,三十侍中郎。(萧纲《戏赠丽人诗》)

可怜称二八,逐节似飞鸿。悬胜河阳伎,暗与淮南同。入行看履进,转面望鬟空。腕动苕华玉,衫随如意风。上客何须起,啼乌曲未终。(萧纲《咏舞二首》其二)

丽宇芳林对高阁,新妆艳质本倾城。映户凝娇乍不进,出帷含态笑相迎。妖姬脸似花含露,玉树流光照后庭。(陈叔宝《玉树后庭花》)

用华丽的辞藻描写女性的容貌、服饰、体态与生活，但是内容很空虚。

(2) 讲究声律

花开几千叶，水复数重衣。蝶飏萦空舞，燕作同心飞。歌妖弄曲罢，郑女挟琴归。(萧纲《春日诗》)

圆花一蒂卷，交叶半心开。影前光照耀，香里蝶徘徊。欣随玉露点，不逐秋风催。(萧纲《咏芙蓉诗》)

风光今旦动，雪色故年残。薄夜迎新节，当垆却晚寒。奇香分细雾，石炭捣轻纨。竹叶裁衣带，梅花奠酒盘。年芳袖里出，春色黛中安。欲知迷下蔡，先将过上兰。(徐陵《春情诗》)

以上三首诗，每一联都对偶，并且非常工整，押韵完全符合中古音。

(3)使用典故

菱花落复含，桑女罢新蚕。桂棹浮星艇，徘徊莲叶南。(萧纲《采菱曲》)

此诗有两处典故，一是“桂棹”，桂木制作的船桨，出自《楚辞・九歌・湘君》“桂棹兮兰枻”；二是“莲叶南”，出自汉乐府《江南可采莲》，原文：“江南可采莲，莲叶何田田！鱼戏莲叶间。鱼戏莲叶东，鱼戏莲叶西，鱼戏莲叶南，鱼戏莲叶北。”

2.《文心雕龙》

南朝齐梁时期文风渐趋轻浮，《梁书》卷四十九《庾肩吾传》云：“齐永明中，文士王融、谢朓、沈约文章始用四声，以为新变，至是转拘声韵，弥尚丽靡，复逾于往时。”南齐永明年间，沈约等人写文章开始使用四声，注重声韵，文风更加华丽。

也有不同作品，例如1.1.11萧纪有文才，属辞不好轻华，甚有骨气。

刘勰不赞同文章过分注重形式，撰写《文心雕龙》表达自己的观点。创作原因如《文心雕龙·序志》所云：“而去圣久远，文体解散，辞人爱奇，言贵浮诡，饰羽尚画，文绣鞶帨，离本弥甚，将遂讹滥。”（意为：然而由于离开圣人的时代太久远了，文章的体制遭到破坏，作家爱好新奇，看重浮靡奇诡的言辞，好比在漂亮的羽毛上涂上彩色，在不用刺绣的佩巾上绣上花纹一样，离文章的根本越来越远，将要造成讹诡和浮滥了。）

《文心雕龙》作者刘勰（约465—约521），字彦和，东莞莒（今山东莒县）人，《梁书》卷五十有传。《文心雕龙》共50篇，集中阐述刘勰的文学理论，有多篇涉及文学创作理论。

（1）《文心雕龙》关于写作的理论

关于写作中物、情、辞的关系，《物色》云：“天高气清，阴沉之志远;霰雪无垠,矜肃之虑深。岁有其物,物有其容;情以物迁,辞以情发。”每个季节有不同的物,每种物有不同的形态。感情来源于物,言辞生于感情。

关于作品内容与形式的关系。《情采》云:“故情者文之经,辞者理之纬;经正而后纬成,理定而后辞畅:此立文之本源也。”感情是文章的主线,文辞是表达道理的,道理确定了,文辞就会通畅,这是写文章的根本。

关于写作,首先是谋篇,《神思》云:“积学以储宝,酌理以富才,研阅以穷照,驯致以怿辞,然后使玄解之宰,寻声律而定墨;独照之匠,窥意象而运斤:此盖驭文之首术,谋篇之大端。”(意为:这就要努力学习,积累学识如同储存珍宝,要斟酌辨析各种事理来丰富增长自己的才学;要研究阅历各种情况来进行彻底的观察;要顺着作文构思去寻求恰当美好的文辞。然后才能使深通妙道的心灵,按照声律来安排文辞;就像有着独到看法的工匠能自如挥斧一样,凭着想象来进行写作:这就是驾驭文思的首要方法,也是谋篇作文的重要开端。)写作要有学识积累和阅历,能够分析事物,进行构思,其次是用合适的声律和文辞表达出来。

写作因人而异,《深思》云:“人之禀才,迟速异分,文之制体,大小殊功。”每个人的才能不同,写作起来有快有慢;文体有大小不同,用力也不同。

写作不能强求和别人一样,但有一定的补救方法。《神思》云:“若学浅而空迟,才疏而徒速,以斯成器,未之前闻。

是以临篇缀虑，必有二患：理郁者苦贫，辞弱者伤乱，然则博见为馈贫之粮，贯一为拯乱之药，博而能一，亦有助乎心力矣。”（意为：如果学识浅薄而只是慢慢写，才学粗疏却只要写得快，像这样写出好的文章，从来没有听说过。所以写作时酝酿文思，必然有两个困难：文思抑郁阻塞的人苦于想象的贫乏，文辞泛滥的人苦于文理紊乱，那么，可见广博见闻就成为补救想象贫乏的粮食，贯通统一就成为拯救文理紊乱的药方，能够做到既广闻博见又中心一贯，对写作构思的能力也大有帮助啊！）多学习，增加见闻，有助于写作。

（2）《文心雕龙》在六世纪的影响

《文心雕龙·指瑕》：“管仲有言：‘无翼而飞者声也；无根而固者情也。’然则声不假翼，其飞甚易；情不待根，其固匪难。以之垂文，可不慎欤！古来文才，异世争驱。或逸才以爽迅，或精思以纤密，而虑动难圆，鲜无瑕病。陈思之文，群才之俊也，而武帝诔云‘尊灵永蛰’，明帝颂云‘圣体浮轻’，浮轻有似于蝴蝶，永蛰颇疑于昆虫，施之尊极，岂其当乎？”

萧绎《金楼子·立言下》：“管仲有言：‘无翼而飞者，声也；无根而固者，情也。’然则声不假翼其飞甚易，情不待根其固非难。以之垂文，可不慎欤？古来文士，异世争驱，而虑动难固，鲜无瑕病。陈思之文，有才之隽也，武帝诔云‘尊灵永蜇’，明帝颂云‘圣体浮轻’。浮轻有似于蝴蝶，永蜇可拟于昆虫，施之尊极，不其嗤乎！”

两段文字极为相似，刘勰比萧绎（508—555）年长四十多岁，明显《文心雕龙》影响到了《金楼子》。

> 《文心雕龙·附会》：“夫才量学文，宜正体制：必以情志为神明，事义为骨髓，辞采为肌肤，宫商为声气；然后品藻玄黄，摛振金玉，献可替否，以裁厥中：斯缀思之恒数也。”
>
> 《颜氏家训·文章》：“文章当以理致为心肾，气调为筋骨，事义为皮肤，华丽为冠冕。今世相承，趋本弃末，率多浮艳。”

两者观点近似，《文心雕龙》影响了《颜氏家训》。这两个例子足以说明《文心雕龙》的观点在六世纪就产生影响、得到认同了。

3.《诗品》

尽管宫体诗盛行，也有人不赞同。例如 1.2.15 谢贞《春日闲居》五言诗，有一句“风定花犹落”。1.5.1 于宣敏诗有幽贞之志。都不是宫体诗的风格。

《诗品》作者钟嵘（约 468—约 518），字仲伟，颍川长社人，《梁书》卷四十九有传。他不赞同齐梁诗风，于是写了《诗品》，表达自己的观点。钟嵘首先认为，写作应该有感而发，

“气之动物，物之感人，故摇荡性情，形诸舞咏”。反对无病呻吟，挖空心思点缀，这样写不出什么优秀作品。“至于膏腴子弟，耻文不逮，终朝点缀，分夜呻吟。独观谓为警策，众视终沦平钝。”

钟嵘认为，文章通顺就可以，反对过分追求声律，尤其反对四声八病。“文制本须讽读，不可蹇碍，但令清浊通流，口吻调利，斯为足矣。至平上去入，则余病未能，蜂腰、鹤膝，闾里已具。”

四声八病是永明体的特征，注重语音要求，非常繁琐。《南史》卷四十八《陆厥传》：“时盛为文章，吴兴沈约、陈郡谢朓、琅邪王融以气类相推毂，汝南周颙善识声韵。约等文皆用宫商，将平上去入四声，以此制韵，有平头、上尾、蜂腰、鹤膝。五字之中，音韵悉异，两句之内，角徵不同，不可增减。世呼为‘永明体’。”

钟嵘还反对没必要地用典故，应用文用典故可以，抒情文章则没必要：“若乃经国文符，应资博古，撰德驳奏，宜穷往烈。至乎吟咏情性，亦何贵于用事？”

从以上观点出发，钟嵘推崇曹植，曹植的诗文有文采也有内容，成就非常高：“骨气奇高，词彩华茂，情兼雅怨，体被文质，粲溢今古，卓尔不群。嗟夫，陈思之于文章也，譬人伦之有周孔，鳞羽之有龙凤，音乐之有琴笙，女工之有黼黻。”

第五章　口语交际训练与双语教育

六世纪的口语交际训练,受魏晋清谈与玄学思想的影响,其目的一是谈玄,二是培养儿童的应对能力。六世纪北方的政权,延续前代十六国与北魏,主要是少数民族建立的,因此各个政权都存在双语教育。这两项都是具有时代特点的语文教育内容。

第一节　口语交际训练

一、第一章人物的口语交际

（一）有些人物是笼统地说擅长口语交际,没有具体说明

1.5.3 高颎尤善词令。

1.5.15 明克让善谈论。

1.5.40 崔赜有口才。

1.5.48 释智舜工书善说。

1.6.1 温彦博有口辩。

（二）有的则有实质内涵

1.1.8 萧方诸明《老》、《易》,善谈玄,风采清越,辞辩

锋生。

1.2.9 徐孝克少为《周易》生，有口辩，能谈玄理。

1.5.57 王斡府穷万物之廓，高谈百氏之源，有类悬河，似开天纵。

1.6.12 陆德明善言玄理。

以上四人，1.1.8 萧方诸、1.2.9 徐孝克、1.6.12 陆德明是南朝人物，他们的口语交际是受玄学清谈影响的。1.5.57 王斡是北方人物，他谈万物和百氏，也是受清谈影响的。

（三）应声反驳

1.3.3 高湝、1.5.30 何妥、1.4.10 李贤，都是不满十岁的儿童，应声反驳别人。

（四）巧于应答

1.3.7 王纮评价《孝经》，回答衣襟的朝向。1.3.10.1 徐之才回答提问，参与讨论《周易》《丧服》。1.5.4 苏夔与儒生讨论。1.5.20 于仲文回答读书。全都颇有深意，并非泛泛之谈。尤其 1.3.7 王纮评价回答衣襟的朝向，不仅仅是个服饰问题，还涉及儒家经典与北魏正统问题。《论语》上孔子的观点是，中原的衣襟向右掩盖，周围少数民族向左掩盖。而北魏的统治者是鲜卑族，衣襟向左掩盖，与正统不符。王纮则认为，“国家龙飞朔野，雄步中原，五帝异仪，三王殊制，掩衣左右，何足是非”。北魏从边疆兴起，入主中原，五帝的礼仪和三王的制度都有不同，衣襟朝哪儿掩盖，不重要。很巧妙地回答了问题，显示出高超的语言水平。

二、六世纪口语交际训练要素

（一）应对敏捷

这是语言训练与思维训练的结合，例如前面第三种类型“应声反驳”和第四种类型“巧语应答”。

（二）讲究辞令

使对方易于接受，例如1.3.7王纮。

（三）多读多思考

有了积累，在交谈的时候才能应对如流，例如前面第二种类型“有实质内涵”的阅读和第四种类型“巧语应答”。

（四）注意积累

1.3.23刁柔性强记，至于氏族内外，多所谙悉。六世纪门第观念很兴盛，与人交谈需要注意避讳。《颜氏家训·风操》云：“吾亲识中有讳襄、讳友、讳周、讳清、讳和、讳禹，交疏造次，一座百犯，闻者辛苦，无憀赖焉。”由于不知道别人的名字，很容易冒犯。

三、口语交际训练工具书

首先是直接针对口语交际的用书。在谈话过程中，要注意称呼，《颜氏家训·风操》认为正确称呼别人是“士大夫风操”，论述了称呼问题，应该如何称呼别人，要注意哪些问题。谈话的时候不能空谈，需要有谈资，《颜氏家训·勉学》云：“公私宴集，谈古赋诗。”南北朝时候的风俗，宴会的时候要谈论前代文史或者作诗，《勉学》提到了作诗的例子，《书证》提到了谈论前代文史的例子，于是出现了类似著作，有助于人们快速掌握资料，记住作诗的材料。《隋书》卷三十四《经籍三》子部杂家类有这类工具书：

《释欲语》八卷刘霁撰。

《称谓》五卷后周大将军卢辩撰。

《备遗记》三卷

《纂要》一卷戴安道撰，亦云颜延之撰。

《方类》六卷

《俗说》三卷沈约撰。梁五卷。

《杂说》二卷沈约撰。

《袖中记》二卷沈约撰。

《袖中略集》一卷沈约撰。

《语对》十卷朱澹远撰。

《语丽》十卷朱澹远撰。

《对要》三卷

《杂语》三卷

《众书事对》三卷

前二种是关于称呼的著作，后面是关于谈资的著作，都有助于提高谈话水平。

交谈时需要注意的一个重要问题是避讳，“今人避讳，更急于古”（《颜氏家训·风操》），不能冒犯别人。《隋书》卷三十三《经籍二》史部杂传类有《同姓名录》一卷，梁元帝撰。另外谱系类收录了大量的家谱，通过家谱可以了解别人家的世系以及姓名，在交谈的时候不至于冒犯别人。

《世本王侯大夫谱》二卷

《世本》二卷刘向撰。

《世本》四卷宋衷撰。

《汉氏帝王谱》三卷梁有《宋谱》四卷，刘湛《百家谱》二卷，亡。

《齐帝谱属》十卷

《百家集谱》十卷王俭撰。梁有王逡之《续俭百家谱》四卷，《南族谱》二卷，《百家谱拾遗》一卷，又有《齐、梁帝谱》四卷，《梁帝谱》十三卷，亡。

《百家谱》三十卷王僧孺撰。

《百家谱集钞》十五卷王僧孺撰。

《百家谱》二十卷贾执撰。

《百家谱》十五卷傅昭撰。

《百家谱世统》十卷

《百家谱钞》五卷

《姓氏英贤谱》一百卷贾执撰。梁有《王司空新集诸州谱》十一卷，又别有《诸姓谱》一百一十六卷，《益州谱》四十卷，《关东、关北谱》三十三卷，《梁武帝总集境内十八州谱》六百九十卷，亡。

《后魏辩宗录》二卷元晖业撰。

《后魏皇帝宗族谱》四卷

《魏孝文列姓族牒》一卷

《后齐宗谱》一卷

《益州谱》三十卷

《冀州姓族谱》二卷

《洪州诸姓谱》九卷

《吉州诸姓谱》八卷

《江州诸姓谱》十一卷

《诸州杂谱》八卷

《袁州诸姓谱》八卷

《扬州谱钞》五卷

《京兆韦氏谱》二卷

《谢氏谱》一十卷

《杨氏血脉谱》二卷

《杨氏家谱状并墓记》一卷

《杨氏枝分谱》一卷

《杨氏谱》一卷

《北地傅氏谱》一卷

《苏氏谱》一卷

《述系传》一卷姚最撰。

《氏族要状》十五卷

《姓苑》一卷何氏撰。

《复姓苑》一卷

《齐永元中表簿》五卷

共计38部,357卷。合计亡书,共计50部,1277卷。数量很大,足见六世纪人们对门第和宗族的重视。

第二节　双语教育

一、双语概况

六世纪的双语主要有两种类型。一种是鲜卑语和汉语双语并用,北魏、北周的统治者是鲜卑族,北齐的统治者是鲜卑化了的汉族,因此在北魏、北齐、北周存在较多鲜卑语和汉语的双语并用现象。《魏书》卷七下《高祖纪下》载,孝文帝于太和十九年(495)"六月己亥,诏不得以北俗之语言于朝廷,若有违者,免所居官"。孝文帝禁止官员在朝廷上说鲜卑语,否则免官。这个举措促进双语发展,后来的北齐、北周官员也有说双语的例子。

《北齐书》卷二十一《高昂传》载:"于时鲜卑共轻中华朝士,唯惮服于昂。高祖每申令三军,常鲜卑语,昂若在列,则为华言。"高欢能用双语号令三军,他的士兵也能够听懂双语。

《隋书》卷四十二《李德林传》载:"武帝尝于云阳宫作鲜卑语谓群臣云:'我常日唯闻李德林名,及见其与齐朝作诏书移檄,我正谓其是天上人。岂言今日得其驱使,复为我作文书,极为大异。'"北周武帝也能用双语对话。

另一种是其他语言与汉语并用。北魏、北齐、北周之北,是其他民族，在这三个政权范围内还存在别的双语现象。《北齐书》卷二十《刘世清传》载刘世清“能通四夷语，为当时第一。后主命世清作突厥语翻《涅槃经》，以遗突厥可汗，敕中书侍郎李德林为其序”。刘世清能用突厥语翻译《涅槃经》。

北齐、北周一直与突厥、蠕蠕（茹茹）打交道，肯定有懂突厥语、蠕蠕语的人才。1.3.42 高湛妻闾叱地连是“蠕蠕太子庵罗辰”之女，八岁嫁到北齐，十三岁去世，墓志说她“尊重师傅，访问诗史”，如果不是谀墓，那么会有懂双语的师傅教她。

唐道宣《大唐内典录》卷四云：“译人道俗二头，出经论八部五十三卷，为《高齐录》云：沙门那连耶舍七部五十二卷经论，优婆塞万天懿一部一卷经。”[①]《续高僧传》卷二《那连耶舍传》云：“那连提黎耶舍，隋言尊称，北天竺乌场国人。……天保七年届于京邺。……安置天平寺中，请为翻经。三藏殿内梵本千有余夹，敕送于寺，处以上房。……沙门法智、居士万天懿传语。懿元鲜卑，姓万俟氏，少出家师婆罗门，而聪慧有志力，善梵书语工咒符术，由是故名预参传焉。”

那连耶舍是北天竺人，天保七年（556）到北齐都城邺，被安置在天平寺翻译佛经。万天懿参与翻译。万天懿是鲜卑人，懂梵语。由此可见，那连耶舍能用汉语、梵语双语，万天懿则通鲜卑语、汉语、梵语三语。

六世纪有双语教育现象存在，《颜氏家训·教子》云：“齐

① 《大正藏》55 册，270 页下。

朝有一士大夫，尝谓吾曰：'我有一儿，年已十七，颇晓书疏，教其鲜卑语及弹琵琶，稍欲通解，以此伏事公卿，无不宠爱，亦要事也。'"北齐有人认为教孩子学习鲜卑语，得到权贵的喜爱，是很重要的事情。

二、双语工具书

《隋书》卷三十二《经籍一》经部孝经类，有《国语孝经》一卷，"又云魏氏迁洛，未达华语，孝文帝命侯伏侯可悉陵，以夷言译《孝经》之旨，教于国人，谓之《国语孝经》"。北魏孝文帝时期，侯伏侯可悉陵把《孝经》译为鲜卑语，说明他懂得汉语。北魏统治者是鲜卑族，把鲜卑语称之为国语。

小学类有双语工具书如下：

《河洛语音》一卷王长孙撰。

《国语》十五卷

《国语》十卷

《鲜卑语》五卷

《国语物名》四卷后魏侯伏侯可悉陵撰。

《国语真歌》十卷

《国语杂物名》三卷侯伏侯可悉陵撰。

《国语十八传》一卷

《国语御歌》十一卷

《鲜卑语》十卷

《国语号令》四卷

《国语杂文》十五卷

《鲜卑号令》一卷周武帝撰。

《杂号令》一卷

《婆罗门书》一卷梁有《扶南胡书》一卷。

《外国书》四卷

以上著作可以分为两类：一是鲜卑语、汉语双语工具书，从《河洛语音》到《杂号令》；二是供翻译佛经使用的双语工具书，即最后两种，《隋书》载："自后汉佛法行于中国，又得西域胡书，能以十四字贯一切音，文省而义广，谓之婆罗门书，与八体六文之义殊别，今取以附体势之下。"

第六章　六世纪讲学中的语文教学

根据本书第二章，六世纪的讲学风气兴盛，无论官学还是私学，都有名师，讲学过程中常常涉及解决字词疑难等属于语文教学范围内的工作。很多名师不但讲学，还有自己的著述，从现存的六世纪讲学类著作中，可以一窥当时的语文教学概况。

第一节　六世纪涉及语文的讲学概况

根据本书第一章“六世纪人物接受的语文教育”，多数是从接受儒家教育开始的，也有其他，例如 1.3.31 释法上“九岁得《涅槃经》披而诵之”，法上九岁读佛经。因此，六世纪涉及语文的讲学，主要是儒家教育和佛经讲解。

一、儒家讲学中的语文教学

第二章第一节分析过六世纪的语文教师，他们所讲主要是儒家经典。讲解儒家经典时所依据的版本，除了旧有的注本，还出现了新的注本——义疏体。这是南北朝时期出现的一种新的古书注释体例，既注释原文，又注释已有的旧注，也可单称之为义或者疏，由于义疏体著作多用于讲学，也称之为讲疏。据《隋书》卷三十二《经籍一》经部著录的对儒家经典著作进行注解的义疏类著作，有的有明确的著者，加上存疑的，六世纪的此类著作有以下部分：

《周易讲疏》三十五卷梁武帝撰。

《周易讲疏》十六卷梁五经博士褚仲都撰。

《周易义疏》十四卷梁都官尚书萧子政撰。

《周易系辞义疏》三卷萧子政撰。

《周易讲疏》三十卷陈谘议参军张讥撰。

《周易义疏》十六卷陈尚书左仆射周弘正撰。

《周易讲疏》十三卷国子祭酒何妥撰。

《周易系辞义疏》一卷梁武帝撰。

《周易系辞义疏》二卷萧子政撰。梁有《周易乾坤三象》《周易新图》各一卷；又《周易普玄图》八卷，薛景和撰；《周易大演通统》一卷，颜氏撰；《尚书义疏》十卷，梁国子助教费甝撰；梁有《尚书义疏》四卷，晋乐安王友伊说撰，亡。

《尚书义疏》三十卷萧詧司徒蔡大宝撰。

《尚书义疏》七卷

《毛诗序义疏》一卷刘瓛等撰，残缺。梁三卷。梁有《毛诗篇次义》一卷，刘瓛撰；《毛诗杂义注》三卷，亡。

《毛诗义疏》二十八卷萧岿散骑常侍沈重撰。

《毛诗义疏》二十卷

《毛诗义疏》二十九卷

《毛诗义疏》十卷

《毛诗义疏》十一卷

《毛诗义疏》二十八卷

《毛诗章句义疏》四十卷鲁世达撰。

《周官礼义疏》十九卷

《周官礼义疏》十卷

《周官礼义疏》九卷

《仪礼义疏》见二卷

《仪礼义疏》六卷

《丧服义疏》二卷梁步兵校尉、五经博士贺玚撰。梁又有《丧服经传义疏》五卷，齐散骑郎司马宪撰；《丧服经传义疏》二卷，齐给事中楼幼瑜撰；《丧服经传义疏》一卷，刘瓛撰；《丧服经传义疏》一卷，齐征士沈麟士撰；《丧服经传义疏》一卷，梁尚书左丞何佟之撰，亡。

《丧服文句义疏》十卷梁国子助教皇侃撰。

《丧服义》十卷陈国子祭酒谢峤撰。

《礼记新义疏》二十卷贺玚撰。梁有义疏三卷，宋豫章郡丞雷肃之撰，亡。

《礼记讲疏》九十九卷皇侃撰。

《礼记义疏》四十八卷皇侃撰。

《礼记义疏》四十卷沈重撰。

《礼记义疏》三十八卷

《礼记疏》十一卷

《中庸讲疏》一卷梁武帝撰。

《春秋左氏经传义略》二十五卷陈国子博士沈文阿撰。

王元规续沈文阿《春秋左氏传义略》十卷

《春秋义略》三十卷陈右军将军张冲撰。

《孝经义疏》十八卷梁武帝撰。梁有《皇太子讲孝经义》三卷，天监八年《皇太子讲孝经义》一卷，梁简文《孝经义疏》五卷，萧子显《孝经义疏》一卷，亡。

《孝经敬爱义》一卷梁吏部尚书萧子显撰。

《孝经义疏》一卷赵景韶撰。

《孝经义疏》三卷皇侃撰。

《孝经讲疏》六卷徐孝克撰。

《孝经义》一卷梁扬州文学从事太史叔明撰。梁有《孝经玄》《孝经图》各一卷，《孝经孔子图》二卷，亡。

《论语义疏》十卷褚仲都撰。

《论语义疏》十卷皇侃撰。

《论语义疏》八卷

《论语讲疏文句义》五卷徐孝克撰，残缺。

《论语义疏》二卷张冲撰。梁有《论语义注图》十二卷，亡。

以上所有著作，除了皇侃《论语义疏》，全都亡佚，《四库全书总目》评价《论语义疏》是“存汉魏经学之一线”。下一节再分析《论语义疏》中的语文教学。

二、佛经讲解中的语文教学

从东汉开始，佛经被大量翻译成汉语，由于佛经深奥，义理更是难懂，所以需要对佛经进行解释，包括解释字词、讲解大义，等等。同时，僧人为了吸引信众，也对佛经进行讲解。

于是佛经中出现了专门讲解佛教经律论的著作，这类著作数量还比较大。以《大正藏》为例，有正藏 24 部、55 册、2184 号，续藏 30 册。其中第 17 部是经疏部，是对经的注解，有 7 册、111 号；第 18 部是律疏部，是对律的注解，有 1 册、12 号；第 19 部是论疏部，是对论的注解，有 5 册、35 号。六世纪的佛经讲解著作主要是智顗的，有：

《金刚般若经疏》一卷

《仁王护国般若经疏》五卷

《妙法莲华经玄义》十卷

《妙法莲华经文句》十卷

《观音玄义》二卷

《观音义疏》二卷

《佛说观无量寿佛经疏》一卷

《阿弥陀经义记》一卷

《维摩经玄疏》六卷

《维摩经略疏》十卷

《金光明经玄义》二卷

《金光明经文句》六卷

《请观音经疏》一卷

《菩萨戒义疏》二卷

除最后一种属于律疏部，其余都是经疏部。此外还有梁法云《法华经义记》八卷、梁宝亮等《大般涅盘经集解》七十一卷、北魏昙鸾《无量寿经优婆提舍愿生偈注》二卷。

智顗(538—597)，天台宗四祖，天台宗实际创立者。俗姓陈，字德安，荆州人，世称智者大师、天台大师，有《法华经玄义》《法华经文句》等著作。智顗《金刚波若经疏》讲解《金刚经》，其中解释"波罗蜜"含义如下：

> 波罗蜜，亦阿罗蜜波罗伽等，翻度彼岸，亦彼岸到，亦度无极。此假名无度为度耳。佛已度智慧，度名一切智。菩萨未度，亦不名度。度时亦不名度。不离已度，度未度故。而今言乃度，此假名说度。一行度，二时度，三果度。六度善修满足为行度，三僧祇满为时度，得大菩提为果度。彼岸者，生死为此岸，涅槃为彼岸。烦恼为中流，八正为船筏。又悭贪为此岸，佛果为彼岸。布施为河中，正勤为船筏。又取相为此岸，无相为彼岸。智慧为河中，精进为船筏。一往如此。又即生死涅槃俱为此，非生死涅槃为彼。故云：远离此、彼岸，乃名波罗蜜。又前生死涅槃双非中道为二；非生死涅槃中道为不二。二不二，俱为此；非二非不二，俱为彼。故远离二边及以中道，名波罗蜜。

波罗蜜是音译词，意为到彼岸。智顗在解释波罗蜜词义的同时，讲解了彼岸的含义、到彼岸的方式，融入了佛教思想观点。

第二节　皇侃《论语集解义疏》中的语文教学

一、皇侃与《论语集解义疏》

皇侃(488—545),吴郡人,《梁书》《南史》有传。《梁书》卷四十八《皇侃传》记载其生平如下:

> 皇侃,吴郡人,青州刺史皇象九世孙也。侃少好学,师事贺蒨,精力专门,尽通其业,尤明《三礼》、《孝经》、《论语》。起家兼国子助教,于学讲说,听者数百人。撰《礼记讲疏》五十卷,书成奏上,诏付秘阁。顷之,召入寿光殿讲《礼记义》,高祖善之,拜员外散骑侍郎,兼助教如故。性至孝,常日限诵《孝经》二十遍,以拟《观世音经》。丁母忧,解职还乡里。平西邵陵王钦其学,厚礼迎之。侃既至,因感心疾,大同十一年,卒于夏首,时年五十八。所撰《论语义》十卷,与《礼记义》并见重于世,学者传焉。

根据《梁书》,皇侃的著作最初名为《论语义》,《隋书·经籍志》称之为《论语义疏》,今名《论语集解义疏》。《四库全书总目》云:"此书宋国史志《中兴书目》、晁公武《读书志》、尤袤《遂初堂书目》皆尚著录,迨乾淳以后,遂无复称引之者,而陈氏《书录解题》亦遂不著录,知其佚在南宋时矣,唯唐时旧本流传存于海外,康熙九年,日本国山井鼎等作《七经孟子考文》，自称其国有是书，然中国无得其本者，故朱彝尊《经义考》注曰未见。"此书南宋亡佚，有别本流传至日本，现在所见是从日本传回国内的。

二、《论语集解义疏》中的语文教学

《论语集解义疏》对何晏《论语集解》进行注解，包括注释《论语》原文和何晏的注，下面以此书第一卷第一章为例，探讨其中的语文教学。

> 子曰："学而时习之，不亦说乎？注："马融曰：'子者，男子通称也，谓孔子也。'王肃曰：'时者，学者以时诵习也。诵习以时，学无废业，所以为悦怿也。'"有朋自远方来，不亦乐乎？注："包氏曰：'同门曰朋也。'"人不知而不愠，不亦君子乎。"注："愠，怒也。凡人有所不知，君子不愠之也。"
>
> 疏："子曰"至"子乎"。云"子曰"者，子者，指于孔子也。子是有德之称，古者称师为子也。曰者，发语之端也，许氏《说文》云："开口吐舌谓之为曰。"此以下是孔子开口谈说之语，故称"子曰"为首也。然此一书，或是弟子之言，或有时俗之语，虽非悉孔子之语，而当时皆被孔子印可也。必被印可，乃得预录，故称"子曰"通冠一书也。
>
> 云"学而时习之"者，此以下孔子言也。就此一章分为三段：自此至"不亦说乎"为第一，明学者幼少之时也，学从幼起，故以幼为先也；又"从有朋"至"不亦乐乎"为第二，明学业稍成，能招朋聚友之由也，既学已经时，故

能招友为次也，故《学记》云“一年视离经辨志，三年视敬业乐群，五年视博习亲师，七年视论学取友，谓之小成”是也；又从“人不知”讫“不亦君子乎”为第三，明学业已成，能为师为君之法也，先能招友，故后乃学成为师君也，故《学记》云“九年知类，通达强立而不反，谓之大成”，又云“能博喻，然后能为师；能为师，然后能为长；能为长，然后能为君”是也，今此段明学者少时法也。谓为学者，《白虎通》云：“学，觉也，悟也。”言用先王之道，导人情性，使自觉悟，而去非取是，积成君子之德也。时者，凡学有三时：一是就人身中为时，二就年中为时，三就日中为时也。一就身中者，凡受学之道，择时为先，长则捍格，幼则迷昏，故《学记》云“发然后禁，则捍格而不胜；时过然后学，则勤苦而难成”是也。既必须时，故《内则》云“六年教之数与方名，七年男女不同席，八年始教之让，九年教之数日，十年学书计，十三年学乐、诵诗、舞勺，十五年成童舞象”，并是就身中为时也。二就年中为时者，夫学随时气，则受业易入，故《王制》云“春夏学诗乐，秋冬学书礼”是也。春夏是阳，阳体轻清，诗乐是声，声亦轻清，轻清时学轻清之业，则为易入也；秋冬是阴，阴体重浊，书礼是事，事亦重浊，重浊时学重浊之业，亦易入也。三就日中为时者，前身中、年中二时，而所学并日日修习不暂废也，故《学记》云“藏焉、修焉、息焉、游焉”是也。今云“学而时习之者”，而，犹因、仍也。时是日中之时也，习是修故之称也，言人不学则已，既学必因仍而修习，日夜无替也。之，之于所学之业也。云“不亦悦乎”者，亦，犹重也。悦者，怀抱欣畅之谓也。言知学已为可欣，又能修习不废，是日知其所亡，月无忘其所能，弥重为可悦，故云“不亦悦乎”，如问之然也。

云“有朋自远方来，不亦乐乎”者，此第二段，明取友交也。同处师门曰朋，同执一志为友。朋，犹党也，共为党类在师门也。友者，有也，共执一志，绸缪寒暑，契阔饥饱，相知有无也。自，犹从也。《学记》云：“独学而无友，则孤陋而寡闻。”君子出其言善，则千里之外应之；出其言不善，则千里之外违之。今由我师德高，故有朋从远方而来，与我同门，共相讲说，故可为乐也。所以云“远方”者，明师德洽被，虽远必集也。招朋已自可为欣，远至弥复可乐，故云“亦”也。然朋疏而友亲，朋至既乐，友至故忌，言但来必先同门，故举“朋”耳。悦之与乐，俱是欢欣，在心常等，而貌迹有殊，悦则心多貌少，乐则心貌俱多，所以然者，向得讲习，在我自得于怀抱，故心多曰悦；今朋友讲说，义味相交，德音往复，形彰在外，故心貌俱多曰乐也。故江熙云：“君子以朋友讲习，出其言善则千里之外应之，远人且至，况其近者乎？道同齐味，欢然适愿，所以乐也。”

云“人不知而不愠，不亦君子乎”者，此第三段，明学已成者也。人，谓凡人也。愠，怒也。君子，有德之称也。此有二释：一言古之学者为己，己学得先王之道，含章内映，而他人不见知，而我不怒，此是君子之德也。有德，己为所可贵，又不怒人之不知，故曰"亦"也；又一通云，君子易事，不求备于一人，故为教诲之道，若人有钝根，不能知解者，君子恕之而不愠怒之也。为君子者亦然也。

注"'马融曰'至'怿也'"。云"子者，男子通称也"者，凡有德者皆得称子，故曰"通称"也。云"谓孔子也"者，子乃是男子通称，今所称"子曰"，不关通他，即指谓孔子也。云"王肃曰"云云者，背文而读曰诵也，然王此意，即是日中不息之时也，举日中不息，则前二事可知也。

注"包氏曰：同门曰朋也"。郑玄注"司徒"云："同师为朋，同志为友。"然何《集注》皆呼人名，唯包独云氏者，包名咸。何家讳咸，故不言也。

注"'愠，怒'至'之也'"。就注乃得两通，而于后释为便也，故李充云："愠，怒也。"君子忠恕，诲又不倦，何怒之有乎？明夫学者始于时习，中于讲肆，终于教授者也。凡注无姓名者，皆是何平叔语也。

上面引文可以看出皇侃所做的工作有：

1. 讲解字词含义，逐字解释原文

释"子"：子者，指于孔子也。子是有德之称，古者称师为子也。

释“曰”：曰者，发语之端也，许氏《说文》云：“开口吐舌谓之为曰。”

释“子曰”：此以下是孔子开口谈说之语，故称“子曰”为首也。

释“学”：谓为学者，《白虎通》云：“学，觉也，悟也。”言用先王之道，导人情性，使自觉悟，而去非取是，积成君子之德也。

释“而”：而，犹因、仍也。

释“时”：时是日中之时也。

释“习”：习是修故之称也。

释“之”：之，之于所学之业也。

释“亦”：亦，犹重也。

释“说”：说者，怀抱欣畅之谓也。

释“朋”：朋，犹党也，共为党类在师门也。

释“自”：自，犹从也。

释“远方”：君子出其言善，则千里之外应之；出其言不善，则千里之外违之。……所以云“远方”者，明师德洽被，虽远必集也。

释“人”：人，谓凡人也。

释“愠”：愠，怒也。

释“君子”：君子，有德之称也。

释“诵”：背文而读曰诵也。

2. 辨析同义词

朋/友:同处师门曰朋,同执一志为友。朋,犹党也,共为党类在师门也。友者,有也,共执一志,绸缪寒暑,契阔饥饱,相知有无也。……朋疏而友亲。

说/乐:说之与乐,俱是欢欣,在心常等,而貌迹有殊,说则心多貌少,乐则心貌俱多,所以然者,向得讲习,在我自得于怀抱,故心多曰说;今朋友讲说,义味相交,德音往复,形彰在外,故心貌俱多曰乐也。

3. 讲解句义

第一句:言知学已为可欣,又能修习不废,是日知其所亡,月无忘其所能,弥重为可悦,故云"不亦悦乎",如问之然也。

第二句:今由我师德高,故有朋从远方而来,与我同门,共相讲说,故可为乐也。

第三句:有两种解释,全都列出来。一是已学得先王之道,含章内映,而他人不见知,而我不怒,此是君子之德也。二是若人有钝根,不能知解者,君子恕之而不愠怒之也。

4. 发明主旨

就此一章分为三段:自此至"不亦说乎"为第一,明学者幼少之时也,学从幼起,故以幼为先也;又从"有朋"至"不亦乐乎"为第二,明学业稍成,能招朋聚友之由也,既学已经时,故能招友为次也……又从"人不知"讫"不亦君子乎"为第三,明学业已成，能为师为君之法也，先能招友，故后乃学成为师君也。

云“有朋自远方来，不亦乐乎”者，此第二段，明取友交也。

云“人不知而不愠，不亦君子乎”者，此第三段，明学已成者也。

全章主旨：明夫学者始于时习，中于讲肆，终于教授者也。

5. 补充背景知识

为什么《论语》全书很多地方以“子曰”开头：然此一书，或是弟子之言，或有时俗之语，虽非悉孔子之语，而当时皆被孔子印可也。必被印可，乃得预录，故称“子曰”通冠一书也。

为什么何晏对包咸只称姓，不称名：何《集注》皆呼人名，唯包独云氏者，包名咸。何家讳咸，故不言也。

综上所述，皇侃的注解内容，从字词句，到概括主旨、补充知识，非常全面，近似于现在的语文教案，与语文教学有异曲同工之妙。

《论语集解义疏》还有一个特色，是用当时的口语进行注解，符合语文教学的口语化特点。表现在词汇上，有大量新出现的复音词，《论语·雍也》：“子曰：‘中人以上，可以语上也；中人以下，不可以语上也。’”皇侃疏：“师说云：‘就人之品识，大判有三，谓上中下也。’”书中还有“阶品、科品、上品、中品、下品、九品、百品、万品、品裁”等词，构成一个由语素“品”

组成的词群，反映了当时品评人物的社会风气①。

表现在语法上，有当时的疑问代词“那”②，表示反问，《论语·八佾》：“孔子谓季氏：‘八佾舞于庭，是可忍也，孰不可忍也。’”注：“歌此曲者，有诸侯及二王后来助祭故也。”皇侃疏：“或问曰：‘鲁祭亦无诸侯及二王后，那亦歌此曲耶？’”同时代的例子，《南齐书·豫章文献王传》载：“上答曰：‘茹亮今启汝所怀及见别纸，汝劳疾亦复那得不动，何意为作烦长启事！’”

---

① 徐望驾：《试论皇侃〈论语集解义疏〉》，《古汉语研究》，2003年第2期，第86页。

② 徐望驾：《皇侃〈论语集解义疏〉中的疑问句》，《河北科技师范学院学报》，2006年第3期，第1页。

第七章 《颜氏家训》的语文教育思想

颜之推《颜氏家训》被称为“家训之祖”，是现存最早的完整家训著作。《颜氏家训》的语文教育思想，是在六世纪时代背景下，对当时语文教育经验的总结，也是颜之推个人语文实践的经验总结，既提到了前贤时人的语文活动，也列出了个人的观点，是六世纪语文教育思想的总结。

第一节 颜之推与《颜氏家训》

一、颜之推生平

颜之推（531－591 年之后）字介，生于江陵（今湖北江陵），祖籍琅邪临沂（今山东临沂）。大同五年（539），颜之推的父亲颜勰去世，自此受兄长颜之仪教养。承圣三年（554）十一月，西魏攻陷江陵，颜之推被俘，遣送西魏。天保七年（556），黄河水暴涨，颜之推乘船带领妻儿逃到北齐。大约于河清四年（565），颜之推被推举为赵州功曹参军，不久又待诏文林馆，除司徒录事参军。后来拜黄门侍郎。承光元年（577），北周攻灭北齐，颜之推被俘后遣送到长安。隋开皇年间，太子杨勇召颜之推为学士。去世时间不详。

颜之推自己说:“予一生而三化,备荼苦而蓼辛。”(《北齐书》卷四十五《文苑·颜之推传》所载《观我生赋》)颜之推一生历仕梁、北齐、北周、隋等四朝,还在西魏暂住,足迹遍布南北各地,亲历社会巨大变化。

二、《颜氏家训》

(一) 概况

《颜氏家训》是颜之推写给他的后辈看的,其《序致》云:“留此二十篇,以为汝曹后车耳。”二十篇篇目如下:《序致》《教子》《兄弟》《后娶》《治家》《风操》《慕贤》《勉学》《文章》《名实》《涉务》《省事》《止足》《诫兵》《养生》《归心》《书证》《音辞》《杂艺》《终制》。

《颜氏家训》记录了当时的历史事实,王利器《颜氏家训集解·序录》云:“颜氏对于佛教之流行,玄风之复扇,鲜卑语之传播,俗文字之盛兴,都作了较为翔实的纪录。”①

1. 在思想上,颜之推自诩儒生,同时又笃信佛教,有《归心》篇。

2. 在语言风格上,用语通俗易懂。颜之推在写作过程中又贯穿了自己的文学主张,“宜以古之制裁为本,今之辞调为末,并须两存,不可偏弃也。”(《文章》)所以《颜氏家训》的句子是骈散都有,例如,散文句,“沛国刘琎,尝与兄瓛连栋隔壁,瓛呼之数声不应,良久方答;瓛怪问之,乃曰:‘向来未着衣帽故也。’”(《兄弟》)所记录的“向来未着衣帽故也”,完全

① 王利器:《颜氏家训集解》,中华书局,2005年,第2页。

可以看作是当时的口语。其中,“着”当“穿”讲,是在南北朝时期产生的,如:

太傅时年七八岁,着青布绔,在兄膝边坐,谏曰:“阿兄,老翁可念,何可作此!”(《世说新语·德行》)

孔(仆射)时为太常,形素羸瘦,着重服,竟日涕泗流涟,见者以为真孝子。(《世说新语·德行》)

客着葛巾角,低头拂棋,妙逾于帝。(《世说新语·巧艺》)

“向来”义为刚才、方才,是中古常用的口语词,还有其他例证,如:

佗尝行道,见有病咽塞者,因语之曰:“向来道隅有卖饼人,萍齑甚酸,可取三升饮之,病自当去。”(《后汉书·华佗传》)

既彼我相尽,丞相乃叹曰:“向来语,乃竟未知理源所归。”(《世说新语·文学》)

孙问深公:“上人当是逆风家,向来何以都不言?”(《世说新语·文学》)

世宗曰:“广平粗疏,向来又醉,卿之所悉,何乃如此也?”(《魏书·崔亮传》)

《颜氏家训》及时反映了当时的口语。颜之推生活的南北朝后期，六朝盛行的骈体文占有绝对优势，《颜氏家训》尽管是写给后辈看的，还是免不了使用骈文句式。全书骈文句最具代表性的部分当属《文章》第一段前半部分：

夫文章者，原出《五经》：诏命策檄，生于《书》者也；序述论议，生于《易》者也；歌咏赋颂，生于《诗》者也；祭祀哀诔，生于《礼》者也；书奏箴铭，生于《春秋》者也。朝廷宪章，军旅誓诰，敷显仁义，发明功德，牧民建国，施用多途。至于陶冶性灵，从容讽谏，入其滋味，亦乐事也。行有余力，则可习之。然而自古文人，多陷轻薄：屈原露才扬己，显暴君过；宋玉体貌容冶，见遇俳优；东方曼倩，滑稽不雅；司马长卿，窃赀无操；王褒过章《僮约》；扬雄德败《美新》；李陵降辱夷虏；刘歆反覆莽世；傅毅党附权门；班固盗窃父史；赵元叔抗竦过度；冯敬通浮华摈压；马季长佞媚获诮；蔡伯喈同恶受诛；吴质诋忤乡里；曹植悖慢犯法；杜笃乞假无厌；路粹隘狭已甚；陈琳实号粗疏；繁钦性无检格；刘桢屈强输作；王粲率躁见嫌；孔融、祢衡，诞傲致殒；杨修、丁廙，扇动取毙；阮籍无礼败俗；嵇康凌物凶终；傅玄忿斗免官；孙楚矜夸凌上；陆机犯顺履险；潘岳干没取危；颜延年负气摧黜；谢灵运空疏乱纪；王元长凶贼自诒；谢玄晖侮慢见及。

这一部分论说，先阐明文体的来源，再评价历代作家，全用骈文写就，形式整齐，对偶精当，集中体现了颜之推对文章形式的要求，《文章》篇云："今世音律谐靡，章句偶对，讳避精详，贤于往昔多矣。"文章必须讲究音律和对偶，这是骈体文最大的两个特点。

颜之推历经大江南北，反映到《颜氏家训》的语言上，就是有各地方言词。

> 有一蜀竖就视，答云："是豆逼耳。"相顾愕然，不知所谓。命取将来，乃小豆也。（《勉学》）
>
> 吾见世人，至无才思，自谓清华，流布丑拙，亦以众矣，江南号为詅痴符。（《文章》）
>
> 北土通呼物一块，改为一颗，蒜颗是俗间常语耳。……江南但呼为蒜符，不知谓为颗。（《书证》）

"豆逼"是当时四川人对小豆的称呼，是四川方言词，"詅痴符"是江南方言词，"蒜颗"与"蒜符"分别是北土与江南的俗间常语。

总体来看，《颜氏家训》的语言，句式上骈散都有，词汇上有佛源词，也有各地方言词，口语程度比较高。

（二）教育思想来源

一是颜之推的生平体会。这是最主要的。

追思平昔之指，铭肌镂骨，非徒古书之诫，经目过耳也。(《序致》)

及有吉凶大事，议论得失，蒙然张口，如坐云雾；公私宴集，谈古赋诗，塞默低头，欠伸而已。有识旁观，代其入地。何惜数年勤学，长受一生愧辱哉！(《勉学》)

除了颜之推自己的体会，还有自己看到的，梁代的士大夫的行为让人羞愧，所以他建议自己的孩子们努力学习，避免羞愧。

二是前代著作影响。虽然《序致》说“魏、晋已来，所著诸子，理重事复，递相模效，犹屋下架屋，床上施床耳”，即魏晋以来的著作，有很多相互模仿，显得有些多余，但是重视家庭教育，是有传统的。

陈亢问于伯鱼曰：“子亦有异闻乎？”对曰：“未也。尝独立，鲤趋而过庭。曰：‘学《诗》乎？’对曰：‘未也。’‘不学《诗》，无以言。’鲤退而学《诗》。他日，又独立，鲤趋而过庭，曰：‘学礼乎？’对曰：‘未也。’‘不学礼，无以立。’鲤退而学礼。闻斯二者。”陈亢退而喜曰：“问一得三：闻《诗》，闻礼，又闻君子之远其子也。”(《论语·季氏》)

吾遭乱世，当秦禁学，自喜，谓读书无益。洎践阼以来，时方省书，乃使人知作者之意，追思昔所行，多不是。

尧舜不以天子与子而与他人，此非为不惜天下，但子不中立耳。人有好牛马尚惜，况天下耶？吾以尔是元子，早有立意。群臣咸称汝友四皓，吾所不能致，而为汝来，为可任大事也。今定汝为嗣。吾生不学书，但读书问字而遂知耳。以此故不大工，然亦足自辞解。今视汝书，犹不如吾。汝可勤学习。每上疏，宜自书，勿使人也。（刘邦《敕太子书》）

顷来闻汝与诸友生讲肄《书传》，滋滋昼夜，衎衎不怠，善矣！人之讲道，惟问其志，取必以渐，勤则得多。山溜至柔，石为之穿；蝎虫至弱，木为之弊。夫溜非石之凿，蝎非木之钻，然而能以微脆之形，陷坚刚之体，岂非积渐之致乎？训曰："徒学知之未可多，履而行之乃足佳。"故学者所以饰百行也。（孔臧《与子琳书》）

夫学须静也，才须学也，非学无以广才，非志无以成学。（诸葛亮《诫子书》）

汝年时尚幼，所阙者学，可久可大，其唯学欤？所以孔丘言，吾尝终日不食，终夜不寝，以思，无益，不如学也。若使墙面而立，沐猴而冠，吾所不取。立身之道，与文章异，立身先须谨重，文章且须放荡。（萧纲《诫当阳公大心书》）

闻诸君子，雅道之士，游遨经术，厌饫文史。笔有奇锋，谈有胜理，孝悌之至，神明通矣。（魏收《枕中篇》）

从先秦开始古人就重视教育，通过家教家训的形式，督促鼓励子女学习。孔子教孔鲤学《诗经》《仪礼》。刘邦督促刘盈多读书，练习书法，自己写，不要让别人代笔。孔臧听说儿子们读《尚书》，显得非常高兴。诸葛亮也督促儿子学习。萧纲教萧大心立身谨慎，写文章要放得开。魏收教育子女多看经史。言辞之间充满着父亲对子女的殷切期望。

也有子女不爱学习的例子：

> 白发被两鬓，肌肤不复实。虽有五男儿，总不好纸笔。阿舒已二八，懒惰故无匹。阿宣行志学，而不爱文术。雍端年十三，不识六与七。通子垂九龄，但觅梨与栗。天运苟如此，且进杯中物。（陶渊明《责子》）

陶渊明的儿子们不爱学习，只好自我安慰是“天运”。这是应当避免的。

通过家训教育子女，颜之推的《颜氏家训》继承了这个传统。

第二节 《颜氏家训》论语文教育

《颜氏家训》的语文教育观，是颜之推语文教育思想的主要组成部分，论述了六世纪语文教育的各个方面。

一、语文教育的目的

南北朝时期的九品中正制，导致许多门阀世族的子弟不学无术，以致“公私宴集，谈古赋诗，塞默低头，欠伸而已”。(《颜氏家训·勉学》)一遇到谈论古代的事情或者写诗，他们就回避，沉默不出声，或者“假手赋诗”(《颜氏家训·勉学》)，请别人代写。这些人毫无语文素养。

颜之推提出的语文教育目的有两个层次。第一是浅层次，语文教育的目的是提高个人品行。《颜氏家训·勉学》篇：“所以读书学问，本欲开心明目，利于行耳。”教语文的目的是启发学生的智慧，使学生能看清楚事情，有利于自身的行为塑造。这个目的又有两点：一是“开心明目”，通过教语文，让学生获得知识和能力，使学生更加智慧；二是“利于行”，教语文的目的，不仅仅是让学生学到知识，还要在实践中体会知识，以此来塑造学生的行为，这是语文教学的更高层次的目的。

新的语文课程标准指出：“语文课程是一门学习语言文字运用的综合性、实践性课程。……工具性与人文性的统一，是语文课程的基本特点。”①语文课程的性质具有双重性，因此，教语文除了教语言文字知识以外，还要教学生通过学习获得知识，促进自身成长。

《颜氏家训》所提出的语文教学目的，“开心明目，利于行

---

① 教育部：《义务教育语文课程标准》，北京师范大学出版社，2012年，第2页。

耳”，无疑具有先导性。同时也说明，新的语文课程标准继承了我国古代语文教学思想的优良传统。

第二是深层次，语文教育是为国家培养人才。

> 士君子之处世，贵能有益于物耳，不徒高谈虚论，左琴右书，以费人君禄位也。国之用材，大较不过六事：一则朝廷之臣，取其鉴达治体，经纶博雅；二则文史之臣，取其著述宪章，不忘前古；三则军旅之臣，取其断决有谋，强干习事；四则藩屏之臣，取其明练风俗，清白爱民；五则使命之臣，取其识变从宜，不辱君命；六则兴造之臣，取其程功节费，开略有术，此则皆勤学守行者所能辨也。（《涉务》）

读书要对国家有益。国家人才有六种：朝廷官员、文史官员、军队官员、地方官员、外交官员、主管工程建设的官员，只要努力学习、保持操行就可以达到。

二、语文教育的内容

（一）论语音教育

《颜氏家训・音辞》集中论述了六世纪中后期的语音地域差异等问题。

> 夫九州之人，言语不同，生民已来，固常然矣。……而古语与今殊别，其间轻重清浊，犹未可晓；加以内言外

言、急言徐言、读若之类，益使人疑。孙叔言创《尔雅音义》，是汉末人独知反语。至于魏世，此事大行。高贵乡公不解反语，以为怪异。自兹厥后，音韵锋出，各有土风，递相非笑，指马之谕，未知孰是。共以帝王都邑，参校方俗，考核古今，为之折衷。搉而量之，独金陵与洛下尔。南方水土和柔，其音清举而切诣，失在浮浅，其辞多鄙俗。北方山川深厚，其音沉浊而鈋钝，得其质直，其辞多古语。然冠冕君子，南方为优；闾里小人，北方为愈。易服而与之谈，南方士庶，数言可辩；隔垣而听其语，北方朝野，终日难分。而南染吴、越，北杂夷虏，皆有深弊，不可具论。其谬失轻微者，则南人以钱为涎，以石为射，以贱为羡，以是为舐；北人以庶为戍，以如为儒，以紫为姊，以洽为狎。如此之例，两失甚多。至邺已来，唯见崔子约、崔瞻叔侄，李祖仁、李蔚兄弟，颇事言词，少为切正。李季节著《音韵决疑》，时有错失；阳休之造《切韵》，殊为疏野。吾家儿女，虽在孩稚，便渐督正之；一言讹替，以为己罪矣。云为品物，未考书记者，不敢辄名，汝曹所知也。

这一段话的主要观点有：1. 自古以来语言就有差别，古代的语言和现在有差别，体现了颜之推的语言史观念。2. 三国曹魏以后，出现了大量韵书，但是都有方言性质，不是标准音。3. 以历代都城的语音为参照物，结合方言，标准音是金陵和洛阳的语音。4.南方和北方的语音，都受到方言和其他民族语言的影响。到邺城后崔子约、李祖仁等人注意研究语言，语音稍微标准一些。5.颜之推注意对孩子们的语音教育。

> 洛阳亦闻崔浩、张伟、刘芳，邺下又见邢子才：此四儒者，虽好经术，亦以才博擅名。如此诸贤，故为上品，以外率多田野闲人，音辞鄙陋，风操蚩拙。（《勉学》）

颜之推到了北齐以后，见到的官员，除了以上四个人，大部分都像是没文化的田野闲人，语音不正，操守愚笨。

除了上面崔子约、崔瞻叔侄，李祖仁、李蔚兄弟注意语音正确性之外，《颜氏家训·音辞》还提到一个语音教育的例子：

> 吾见王侯外戚，语多不正，亦由内染贱保傅，外无良师友故尔。梁世有一侯，尝对元帝饮谑，自陈“痴钝”，乃成“飔段”，元帝答之云：“飔异凉风，段非干木。”谓“郢州”为“永州”，元帝启报简文，简文云：“庚辰吴入，遂成司隶。”如此之类，举口皆然。元帝手教诸子侍读，以此为诫。

许多王侯外戚的语音也不标准，原因是家里辅导的人没学问，外面又没有良师益友。梁代有一个官员，把“痴钝”说成“飏段”，把“郢州”说成“永州”。梁元帝亲自教孩子们读书，以这个人的错误为戒。

颜之推注重语音教育的目的，主要有两个：一是为了读书，知道正确读音，才能读明白。“前世反语，又多不切，徐仙民《毛诗音》反骤为在遘，《左传音》切椽为徒缘，不可依信，亦为众矣。”徐仙民《毛诗音》给《诗经》注音的时候，把“骤”的反切注为“在遘”，《左传音》给《左传》注音的时候，把“椽”的反切注为“徒缘”，都是不准确的。二是为了准确避讳，“比世有人名暹，自称为纤；名琨，自称为衮；名洸，自称为汪；名杓，自称为獡。非唯音韵舛错，亦使其儿孙避讳纷纭矣”。在六世纪后期，暹与纤的读音不同，后面三组也是，如果有人把自己的名字说错，不仅语音不准确，也让子孙避讳的时候产生混乱，不知道该怎么办。

（二）论字词教育

字词认写包括认识字词读音和意义，以及正确书写。这是阅读和写作的基础，字词认写的质量影响着语文教学的质量，因此，字词认写是语文教学的重要内容。《勉学》篇云：“夫文字者，坟籍根本。”文字是经典的根本，只有弄明白字词含义，才能真正读懂书籍。

1. 培养字词认写情感态度

（1）培养字词认写兴趣

颜之推亲自示范。古代避讳严格，颜之推引导后辈认字，可以避免犯讳。

思鲁等姨夫彭城刘灵，尝与吾坐，诸子侍焉。吾问儒行、敏行曰："凡字与咨议名同音者，其数多少，能尽识乎?"答曰："未之究也，请导示之。"吾曰："凡如此例，不预研检，忽见不识，误以问人，反为无赖所欺，不容易也。"因为说之，得五十许字。诸刘叹曰："不意乃尔!"(《勉学》)

当问刘灵的孩子，和"灵"同音的字认识多少时，回答说没考虑。颜之推表示，这种事不提前做，如果遇到不认识的字，再去问别人，可能会被无赖欺负。结果有五十多个。

另一方面，如果不认识字，可能起名字都会出错。

近世有人为子制名：兄弟皆山傍立字，而有名峙者；兄弟皆手傍立字，而有名机者；兄弟皆水傍立字，而有名凝者。名儒硕学，此例甚多。(《勉学》)

起名字的时候，本来应该偏旁统一，由于不认识字，导致山字旁的，出现一个峙字，峙的偏旁是止；手字旁的，出现一个机字，机的偏旁是木；水字旁的，出现一个凝字，凝的偏旁是冫。即便是有学问的人，也犯错误。

(2) 培养字词认写习惯

《勉学》和《书证》两篇列举了大量字词认写的例证，就是为了培养字词认写习惯。

> 尝游赵州，见柏人城北有一小水，土人亦不知名。后读城西门徐整碑云："洦流东指。"众皆不识。吾案《说文》，此字古魄字也，洦，浅水貌。此水汉来本无名矣，直以浅貌目之，或当即以洦为名乎？（《勉学》）

不认识"洦"，可以查《说文解字》。这是潜移默化地告诉学习者，遇到不认识的字，一定要弄明白。

2. 培养字词认写能力

(1) 识字能力。包括认清字的形音义。前面三个例证，示范的分别是认识音、形、义。

(2) 指导学生使用工具书。这是正确认识字的形音义的必备条件。选择工具书需慎重，要选择权威的工具书。

> 世之学徒，多不晓字：读《五经》者，是徐邈而非许慎；习赋诵者，信褚诠而忽吕忱；明《史记》者，专徐、邹而废篆籀；学《汉书》者，悦应、苏而略《苍》《雅》。不知书音是其枝叶，小学乃其宗系。至见服虔、张揖音义则贵之，得《通俗》《广雅》而不屑。（《勉学》）

当时很多人不认字、不懂权威。通读《五经》的人，肯定徐邈而非难许慎；学习赋诵的人，信奉褚诠而忽略吕忱；崇尚《史记》的人，只对徐野民、邹诞生的《史记音义》这类书感兴趣，却废弃了对篆文字义的钻研；学习《汉书》的人，喜欢应劭、苏林的注解而忽略了《三苍》《尔雅》。他们不懂得语音只是文字的枝叶，而研究文字的学问才是根本。以致有人见了服虔、张揖有关音义的书就十分重视，而对同是这两人写的《通俗文》《广雅》却不屑一顾。

这里颜之推提出了权威工具书，包括《三苍》《尔雅》《通俗文》《广雅》，最权威的是《说文解字》。

> 大抵服其为书，隐括有条例，剖析穷根源，郑玄注书，往往引以为证；若不信其说，则冥冥不知一点一画，有何意焉。(《书证》)

颜之推佩服许慎撰写《说文解字》，审定文字有条例可依，剖析文字含义能够穷尽它的根源，郑玄注解经书，往往引用《说文》作为证据。如果不相信《说文》的说法，就会懵懵懂懂地不知道文字的一点一画有什么意义。颜之推的观点影响很深，到了唐代，他的后人颜元孙(？—732)著《干禄字书》，把字体分为“正、通、俗”，其中判定正体字的主要依据是《说文解字》。

(3) 写字能力。书写正确的汉字。六世纪出现了大量俗体字、新造字、错别字，以及已经存在的假借字，文字形势混乱。

> 张敞者，吴人，不甚稽古，随宜记注，逐乡俗讹谬，造

作书字尔。吴人呼祠祀为鸱祀，故以祠代鸱字；呼绀为禁，故以系傍作禁代绀字；呼盏为竹简反，故以木傍作展代盏字；呼镬字为霍字，故以金傍作霍代镬字；又金傍作患为镮字，木傍作鬼为魁字，火傍作庶为炙字，既下作毛为髻字；金花则金傍作华，窗扇则木傍作扇：诸如此类，专辄不少。(《书证》)

至如"仲尼居"，三字之中，两字非体，《三苍》尼旁益丘，《说文》尸下施几，如此之类，何由可从？古无二字，又多假借，以中为仲，以说为悦，以召为邵，以閒为闲，如此之徒，亦不劳改。自有讹谬，过成鄙俗，乱旁为舌，揖下无耳，鼋、鼍从龟，奋、夺从萑，席中加带，恶上安西，鼓外设皮，凿头生毁，离则配禹，壑乃施豁，巫混经旁，皋分泽片，猎化为獦，宠变成竉，业左益土，灵底著器，率字自有律音，强改为别；单字自有善音，辄析成异，如此之类，不可不治。(《书证》)

面对这种形势，颜之推认为，一是不能顽固守旧，《书证》云："世间小学者，不通古今，必依小篆，是正书记。……考校是非，特须消息。"有些人依照小篆来校正文字，这就不可取了，有些字是小篆之后产生的，校正文字，需要考虑时代变化。

二是应当适应时代变化，有所变通。

> 吾昔初看《说文》，蚩薄世字，从正则惧人[illegible]，随俗则意嫌其非，略是不得下笔也。所见渐广，更知通[illegible]救前之执，将欲半焉。若文章著述，犹择微相影响者行之，官曹文书，世间尺牍，幸不违俗也。(《书证》)

颜之推刚开始看《说文解字》的时候，瞧不起俗体字，写正体字又怕别人不认识，跟从流俗又认为它不对，经常是不知道怎么下笔写字。后来随着见识增多，知道变通，可以补救以前的固执，正体字与俗体字差不多各占一半。写个人著作的时候，选用有一定影响的俗体字；写官方文书和亲友信件的时候，用俗体字，这样可以避免违背世俗常情。

《干禄字书》把字体分为"正、通、俗"，其中俗体字，"例皆浅近。唯籍帐、文案、卷契、药方，非涉雅言，用亦无爽，倘能改革，善不可加"。颜元孙认为俗体字浅显，民间使用无妨，稍微改革一下，也是很好的事。可见颜元孙并不排斥俗体字。

3. 字词认写教学方法

(1) 集中讲授。例如本节第一例，集中讲了 50 多个同音字。

(2) 分散讲授。一个一个地讲，例如《书证》篇多数是单个讲的例子。

（三）论书法教育

《颜氏家训·杂艺》集中论述书法教育。

真草书迹，微须留意。江南谚云："尺牍书疏，千里面目也。"承晋、宋余俗，相与事之，故无顿狼狈者。吾幼承门业，加性爱重，所见法书亦多，而玩习功夫颇至，遂不能佳者，良由无分故也。然而此艺不须过精。夫巧者劳而智者忧，常为人所役使，更觉为累；韦仲将遗戒，深有以也。

王逸少风流才士，萧散名人，举世惟知其书，翻以能自蔽也。萧子云每叹曰："吾著《齐书》，勒成一典，文章弘义，自谓可观；唯以笔迹得名，亦异事也。"王褒地胄清华，才学优敏，后虽入关，亦被礼遇。犹以书工，崎岖碑碣之间，辛苦笔砚之役，尝悔恨曰："假使吾不知书，可不至今日邪？"以此观之，慎勿以书自命。虽然，厮猥之人，以能书拔擢者多矣。故道不同不相为谋也。

颜之推的观点是：书法稍微留意一下就可以，因为书法就像是人的脸面，但不必造诣很高，水平太高的话会遮蔽真才实学，并且容易被人使唤写字。

颜之推家传书法，自己也喜欢书法，但是水平不高，自己谦虚说是可能没有天分。也有人因为擅长书法而做大官，但颜之推还是不希望子女擅长书法。

后世学者猜测"厮猥之人，以能书拔擢者多矣"，是指张景仁，《北齐书》卷四十四《儒林·张景仁传》云："后主在东宫，世祖选善书人性行淳谨者令侍书，景仁遂被引擢。小心恭慎,后主爱之,呼为博士。历太子门大夫、员外散骑常侍、谏议大夫。后主登祚,除通直散骑常侍。……四年,封建安王。……自苍颉以来,八体取进,一人而已。"张景仁是历史上唯一一位因为擅长书法被封为王的人,但是出身与修为不高。

(四) 论阅读教育

阅读是提高语文素养和个人综合素质的重要途径。《诫兵》云:"习五兵,便乘骑,正可称武夫尔。今世士大夫,但不读书,即称武夫儿,乃饭囊酒瓮也。"在颜之推看来,不读书的人,连武夫都算不上,顶多是酒囊饭袋。

1. 阅读教育的内容

(1) 端正阅读态度

一是阅读不分早晚,不要放弃。

> 公孙弘四十余,方读《春秋》,以此遂登丞相;朱云亦四十,始学《易》《论语》;皇甫谧二十,始受《孝经》《论语》:皆终成大儒,此并早迷而晚寤也。(《勉学》)

从第一章可以了解到,许多学童在十岁以前就读完《春秋》《周易》《论语》《孝经》了,但是以上三人都是年龄很大了才读书,最后都成为名人,所以阅读不分早晚。

二是阅读要谦虚。

夫学者所以求益尔。见人读数十卷书，便自高大，凌忽长者，轻慢同列；人疾之如仇敌，恶之如鸱枭。如此以学自损，不如无学也。(《勉学》)

读书为了对自己有益，不能自鸣得意、瞧不起人，要不然会被人仇视，给自己造成麻烦，还不如不学。

(2) 明白阅读意义

读书能够使风俗淳正，也有实际用途。

虽百世小人，知读《论语》《孝经》者，尚为人师；虽千载冠冕，不晓书记者，莫不耕田养马。以此观之，安可不自勉耶？若能常保数百卷书，千载终不为小人也。(《勉学》)

夫明六经之指，涉百家之书，纵不能增益德行，敦厉风俗，犹为一艺，得以自资。父兄不可常依，乡国不可常保，一旦流离，无人庇荫，当自求诸身尔。谚曰："积财千万，不如薄伎在身。"伎之易习而可贵者，无过读书也。世人不问愚智，皆欲识人之多，见事之广，而不肯读书，是犹求饱而懒营馔，欲暖而惰裁衣也。(《勉学》)

颜之推经历南北朝的战乱，懂得读书的意义。知道读书的人，可以为人师，不至于从事体力劳动。颜之推虽然从儒家观点出发，轻视体力劳动，但是他强调读书的意义，还是有价值的。颜之推还认为，最容易学习的技能，就是读书。

(3) 培养阅读习惯

培养良好的习惯是教育的重要目的，良好的阅读习惯使人终生受益。《颜氏家训》所提倡的阅读习惯主要有以下两点。

一是勤读书的习惯。《颜氏家训·勉学》篇提到好几个勤读书的人，例如：

> 梁元帝尝为吾说："昔在会稽，年始十二，便已好学。时又患疥，手不得拳，膝不得屈。闲斋张葛帏避蝇独坐，银瓯贮山阴甜酒，时复进之，以自宽痛。率意自读史书，一日二十卷，既未师受，或不识一字，或不解一语，要自重之，不知厌倦。"
>
> 梁世彭城刘绮，交州刺史勃之孙，早孤家贫，常无灯，折荻尺寸，然明读书。
>
> 东莞臧逢世，年二十余，欲读班固《汉书》，苦假借不久，乃就姊夫刘缓乞丐客刺书翰纸末，手写一本，军府服其志尚，卒以《汉书》闻。

梁元帝十二岁的时候，虽然患病，每天读书二十卷；刘绮晚上点着柴草读书；臧逢世用名片纸边抄了一遍《汉书》。《颜氏家训》讲述这些例子，是希望子孙把阅读变成生活的一部分，成为每天不可少的一种习惯，能够做到用功阅读、天天阅读，一天不读就感到缺少了什么。

二是质疑问难的习惯。在《勉学》和《书证》两篇里，颜之推列举了很多读书遇到的问题，以及自己如何解决的方法。

> 《诗》云："参差荇菜。"《尔雅》云："荇，接余也。"字或为莕。先儒解释皆云：水草，圆叶细茎，随水浅深。今是水悉有之，黄花似莼，江南俗亦呼为猪莼，或呼为荇菜。刘芳具有注释。而河北俗人多不识之，博士皆以参差者是苋菜，呼人苋为人荇，亦可笑之甚。(《书证》)

《诗经·周南·关雎》里的荇菜，北方人多误以为是苋菜，两种菜是不同的。

《书证》篇提出的问题涉及的典籍，按照《四库全书》的分类，有以下四大类：

经：《诗经》7 次，《礼记》2 次，《月令》《左传》《尚书》《周礼》《孟子》《论语》《尔雅》《通俗文》各 1 次。

史：《汉书》《后汉书》各 4 次，《史记》3 次，《东宫旧事》2 次，《三国志》《三辅决录》《晋中兴书》各 1 次。

子：《庄子》《风俗通》各 1 次。

集：《古乐府》2 次，《离骚》1 次。

首先，以上典籍，经部 10 种 17 次，史部 7 种 16 次，子部 2 种 2 次，集部 2 种 3 次。与第四章第一节对第一章的读本分析结果有异同，相同的方面是都重视经部，集部相对较少，不同的地方是第一章的读本重视子部，不重视史部；颜之推重视史部，不重视子部，正好相反。造成不同的原因，一是南北朝玄学兴盛，而颜之推对玄学不感兴趣；二是《书证》篇涉及到的典籍数量，正好反映四部次序变化，绪论第一节社会思潮有相关论述。

其次，能在这么多典籍里发现若干问题，是颜之推保持质疑问难的阅读习惯的结果，颜之推通过大量的具体事例向子孙展示了如何在阅读中发现问题、解决问题。我们读到的文本可能存在问题，发现问题是思考的起点，这是真正的读懂。在阅读中发现问题并解决问题，是检验阅读能力和创新能力的重要标志。在阅读教学中要引导学生学会独立思考，深入阅读文本，善于提问，善于自己解答，养成良好的阅读习惯。

(4) 选择阅读书目

颜之推多次提到自己读的书。

> 虽读《礼》《传》，微爱属文。(《序致》)
>
> 吾每读圣人之书，未尝不肃敬对之；其故纸有五经词义，及贤达姓名，不敢秽用也。(《治家》)
>
> 三世之事，信而有征，家世归心，勿轻慢也。其间妙旨，具诸经论，不复于此，少能赞述；但惧汝曹犹未牢固，略重劝诱尔。(《归心》)

颜之推喜欢读《三礼》《左传》《五经》，他也喜欢读佛经，还引导孩子们读佛经。

> 俗间儒士，不涉群书，经纬之外，义疏而已。吾初入邺，与博陵崔文彦交游，尝说《王粲集》中《难郑玄尚书》事。崔转为诸儒道之，始将发口，悬见排蹙，云："文集只有诗赋铭诔，岂当论经书事乎？且先儒之中，未闻有王粲也。"崔笑而退，竟不以《粲集》示之。魏收之在议曹，与诸博士议宗庙事，引据《汉书》，博士笑曰："未闻《汉书》得证经术。"收便忿怒，都不复言，取《韦玄成传》，掷之而起。博士一夜共披寻之，达明，乃来谢曰："不谓玄成如此学也。"(《勉学》)

一般的儒生，阅读面很窄，颜之推读过《王粲集》，魏收读过《汉书》，这两部书一般的儒生竟然没读过。

阅读书目，包括精读书目和泛读书目。《书证》篇所涉及的书籍，都是颜之推精读的书目，只有精读，才能深入思考，我们可以发现是以儒家经部著作为主，其次是史部著作，子部和集部著作数量较少。泛读书目，颜之推在《文章》篇提到："文章地理，微须留意。"需要留意地理知识，地理类著作可以看作是泛读涉猎的书目。

颜之推列出了可读的书目，还摈除了与阅读目的无关的著作。

> 直取其清谈雅论，剖玄析微，宾主往复，娱心悦耳，非济世成俗之要也。洎于梁世，兹风复阐，《庄》《老》《周易》，总谓《三玄》。武皇、简文，躬自讲论。周弘正奉赞大猷，化行都邑，学徒千余，实为盛美。元帝在江、荆间，复所爱习，召置学生，亲为教授，废寝忘食，以夜继朝，至乃倦剧愁愤，辄以讲自释。吾时颇预末筵，亲承音旨，性既顽鲁，亦所不好云。(《勉学》)

南北朝时期盛行玄学，玄学主要讲论《庄子》《老子》《周易》，探讨有和无等哲学问题，与儒家道德主张完全不同。颜之推也听过梁元帝讲玄学，在《勉学》篇颜之推表示自己不喜欢玄学。由于他不喜欢玄学，所以《颜氏家训》并没有列举玄学研究著作，《颜氏家训》甚至没有引用《老子》，提到了《庄子》和《周易》，都不是从玄学角度切入的。

颜之推选择这些书目，一方面是希望子孙多读书、读好书，他通过自身的读书经历影响到子孙，多读儒家经典，成为一个儒雅的人，摈除无关的书目，但又不是一味地回避，而是说出理由，这种做法是治理与疏导两个举措相结合，更有利于子孙接受；另一方面又能扩大书目推荐范围，可以让子孙有自主选择的余地，不至过于枯燥。

(5) 培养阅读能力

主要有两个，一是阅读评价力，能够评价作品的优劣。

> 兰陵萧悫，梁室上黄侯之子，工于篇什。尝有《秋诗》云："芙蓉露下落，杨柳月中疏。"时人未之赏也。吾爱其萧散，宛然在目。颍川荀仲举、琅邪诸葛汉，亦以为尔。而卢思道之徒，雅所不惬。（《文章》）

萧悫的两句诗，当时的人并不欣赏，颜之推却很喜欢，认为这两句写景清新自然、不拘束，看见文字就能想到画面。

二是阅读迁移力。在理解欣赏的基础上，完成作品到素养的迁移，通过阅读，达到阅读目的，培养人文精神。

> 未知养亲者，欲其观古人之先意承颜，怡声下气，不惮劬劳，以致甘腝，惕然惭惧，起而行之也；未知事君者，欲其观古人之守职无侵，见危授命，不忘诚谏，以利社稷，恻然自念，思欲效之也；素骄奢者，欲其观古人之恭俭节用，卑以自牧，礼为教本，敬者身基，瞿然自失，敛容抑志也；素鄙吝者，欲其观古人之贵义轻财，少私寡欲，忌盈恶满，赒穷恤匮，赧然悔耻，积而能散也；素暴悍者，欲其观古人之小心黜己，齿弊舌存，含垢藏疾，尊贤容众，苶然沮丧，若不胜衣也；素怯懦者，欲其观古人之达生委命，强毅正直，立言必信，求福不回，勃然奋厉，不可恐慑也：历兹以往，百行皆然。纵不能淳，去泰去甚。学之所知，施无不达。（《勉学》）

通过读书,可以让不知道赡养长辈的人、不知道事奉君主的人、骄横奢侈的人、浅薄吝啬的人、凶暴强悍的人、胆怯懦弱的人在品行上有所改变,以此类推,各种优良品行都可以培养。

(6) 检验阅读效果

阅读过程的最后一个阶段是检验,需要对阅读情况客观评价,鼓励有效阅读,矫正偏差阅读。《颜氏家训》检验阅读的做法是阅读与实践结合,在实践中检验阅读效果。

> 世人读书者,但能言之,不能行之,忠孝无闻,仁义不足;加以断一条讼,不必得其理;宰千户县,不必理其民;问其造屋,不必知楣横而棁竖也;问其为田,不必知稷早而黍迟也;吟啸谈谑,讽咏辞赋,事既优闲,材增迂诞,军国经纶,略无施用:故为武人俗吏所共嗤诋,良由是乎!(《勉学》)
>
> 当博览机要,以济功业;必能兼美,吾无间焉。(《勉学》)

有的人谈古论今,了若指掌,等到让他们干事情,往往什么都办不成。颜之推主张不能只读书,关键的是用读到的知识指导自己建功立业,最好是二者结合。

用读书指导人生,把阅读与实践相结合的做法,是更高层次上的检验方法。颜之推的子孙后代都遵守这个教诲,不仅有文化，还能做出事业。这说明阅读教学的目的不仅仅是把文本读通读透彻，更重要的是用以指导行为实践，建功立业。

颜之推注重培养阅读习惯和兴趣，注意阅读方法，重视在实践中检验阅读效果，是对我国传统的阅读思想的继承和发扬。《礼记·中庸》提到："博学之，审问之，慎思之，明辨之，笃行之。"《中庸》主张阅读应该是广泛地阅读、认真地思考、切实地实践。《颜氏家训》通过理论和事例，示范了如何有效阅读，如何培养优秀人才。颜之推的子孙后代有很多成就巨大的人，足以说明《颜氏家训》的阅读思想是有成效的。

2. 阅读指导

颜之推提到了《五经》的阅读。

> 或问曰："陈亢喜闻君子之远其子，何谓也？"对曰："有是也。盖君子之不亲教其子也，《诗》有讽刺之辞，《礼》有嫌疑之诫，《书》有悖乱之事，《春秋》有邪僻之讥，《易》有备物之象：皆非父子之可通言，故不亲授尔。"（《教子》）

由于《五经》里面有些不便于父子之间直接说的事和话，所以父亲不能亲自教孩子读《五经》，言外之意是可以让老师教。

（五）论写作教育

写作能力是语文综合素养的体现，写作训练能有效提高学生的语言表达能力，尤其是书面语表达能力。《颜氏家训·文章》主要讲述了写作教育。

1. 写作内容和方法

（1）积累训练。写作需要有素材，颜之推主张的素材积累途径有两个。

一是生活积累。有各种常识，写作的时候会避免出错。

> 文章地理，必须惬当。梁简文《雁门太守行》乃云："鹅军攻日逐，燕骑荡康居，大宛归善马，小月送降书。"萧子晖《陇头水》云："天寒陇水急，散漫俱分泻，北注徂黄龙，东流会白马。"此亦明珠之颣，美玉之瑕，宜慎之。（《文章》）

写作中要注意地理问题，鹅军、燕骑分别是《左传》里宋国、燕国的军队，日逐、康居是西汉时期西域国族名，不是同一个时代、同一个地方的；陇在西北，黄龙在东北，白马在西南，不可能有一条河贯通三地。这两个人的诗，由于没有地理常识导致出现错误。

二是阅读积累。通过广泛阅读，积累素材。

> 谈说制文，援引古昔，必须眼学，勿信耳受。江南闾里间，士大夫或不学问，羞为鄙朴，道听涂说，强事饰辞：呼征质为周郑，谓霍乱为博陆，上荆州必称陕西，下扬都

言去海郡，言食则糊口，道钱则孔方，问移则楚丘，论婚则宴尔，及王则无不仲宣，语刘则无不公干。凡有一二百件，传相祖述，寻问莫知原由，施安时复失所。(《勉学》)

写文章的时候遇到使用典故，必须亲自验证，不能道听途说。颜之推举了许多错误引用的例子，例如把钱称为孔方，是有典故的，但是不能所有场合都用孔方代指钱。

邢子才、魏收俱有重名，时俗准的，以为师匠。邢赏服沈约而轻任昉，魏爱慕任昉而毁沈约，每于谈宴，辞色以之。邺下纷纭，各有朋党。(《文章》)

刘孝绰当时既有重名，无所与让；唯服谢朓，常以谢诗置几案间，动静辄讽味。简文爱陶渊明文，亦复如此。(《文章》)

也可以集中阅读一位作家的作品，熟悉其写作风格，例如上面邢邵读沈约，魏收读任昉，刘孝绰读谢朓，梁简文帝读陶渊明。

(2) 育人训练。“文如其人”，育人训练是写作训练的重要内容。例如本章第一节所引用《文章》篇，颜之推列举了许多文人品行上的不足，还分析了原因，并提出了解决对策。

自子游、子夏、荀况、孟轲、枚乘、贾谊、苏武、张衡、左思之俦，有盛名而免过患者，时复闻之，但其损败居多尔。每尝思之，原其所积，文章之体，标举兴会，发引性灵，使人矜伐，故忽于持操，果于进取。今世文士，此患弥切，一事惬当，一句清巧，神厉九霄，志凌千载，自吟自赏，不觉更有傍人。加以砂砾所伤，惨于矛戟，讽刺之祸，速乎风尘，深宜防虑，以保元吉。(《文章》)

凡为文章，犹人乘骐骥，虽有逸气，当以衔勒制之，勿使流乱轨躅，放意填坑岸也。(《文章》)

文人品行不足的原因在于，"自古文人，多陷轻薄"，许多文人不注重自我修养。颜之推认为，主要原因是，文章这样的东西，要高超兴致，触发性灵，这就会使人夸耀才能，从而忽视操守，敢于追求名利。在现在文士身上，这种毛病更加深切，一个典故用得恰当，一个句子做得清巧，就会心神上达九霄，意气下凌千年，自己吟咏自我欣赏，不知道身边还有别人。加以砂砾般的伤人，会比矛戟伤人更狠毒；讽刺而招祸，会比刮风更迅速。解决对策是，写文章就像人骑千里马，虽豪逸奔放，还得用衔勒来控制它，不要让它乱了奔走的轨迹，恣意放纵以致坠入坑崖之下。

写文章要有自知之明，不能勉强写作，做超出自己能力范围的事。

学问有利钝，文章有巧拙。钝学累功，不妨精熟；拙文研思，终归蚩鄙。但成学士，自足为人。必乏天才，勿强操笔。吾见世人，至无才思，自谓清华，流布丑拙，亦以众矣，江南号为詅痴符。近在并州，有一士族，好为可笑诗赋，誂擎邢、魏诸公，众共嘲弄，虚相赞说，便击牛酾酒，招延声誉。其妻，明鉴妇人也，泣而谏之。此人叹曰："才华不为妻子所容，何况行路！"至死不觉。自见之谓明，此诚难也。(《文章》)

学为文章，先谋亲友，得其评裁，知可施行，然后出手；慎勿师心自任，取笑旁人也。自古执笔为文者，何可胜言。然至于宏丽精华，不过数十篇尔。但使不失体裁，辞意可观，便称才士；要须动俗盖世，亦俟河之清乎！(《文章》)

颜之推认为，学问有利和钝，文章有巧和拙，学问钝的人积累功夫，不妨达到精熟；文章拙的人钻研思考，终究难免陋劣。其实只要有了学问，就是以自立做人，真是缺乏资质，就不必勉强执笔写文。写文章，先向亲友请教，他们认可了再写，不要师心自用，被人取笑。文人很多，但是名篇不多，不能自我期望过高。

(3) 语言训练。遣词造句要准确得体，颜之推分析了一句名诗。

> 王籍《入若耶溪》诗云："蝉噪林逾静，鸟鸣山更幽。"江南以为文外断绝，物无异议。简文吟咏，不能忘之，孝元讽味，以为不可复得，至《怀旧志》载于《籍传》。范阳卢询祖，邺下才俊，乃言："此不成语，何事于能？"魏收亦然其论。(《文章》)

王籍这句"蝉噪林逾静，鸟鸣山更幽"，是千古名句，当时南方文人喜欢，北方文人则理解不了，认为不像话。实际上诗句的深意是，通过蝉的鸣叫声，衬托出树林的寂静，通过蝉、鸟的叫声，更衬托出山的幽静。这一句显示出了高超的语言水平。

(4) 技能训练。颜之推主要提出三点。

一是写作风格训练。颜之推提出了自己的写作思想。

> 文章当以理致为心肾，气调为筋骨，事义为皮肤，华丽为冠冕。今世相承，趋本弃末，率多浮艳。辞与理竞，辞胜而理伏；事与才争，事繁而才损。放逸者流宕而忘归，穿凿者补缀而不足。时俗如此，安能独违？但务去泰去甚尔。(《文章》)
>
> 古人之文，宏材逸气，体度风格，去今实远；但缉缀疏朴，未为密緻尔。今世音律谐靡，章句偶对，讳避精详，贤于往昔多矣。宜以古之制裁为本，今之辞调为末，并须两存，不可偏弃也。(《文章》)

> 吾家世文章，甚为典正，不从流俗；梁孝元在蕃邸时，撰西府新文，讫无一篇见录者，亦以不偶于世，无郑、卫之音故也。(《文章》)

南朝时期出现的齐梁体、宫体诗，特点是“浮艳”，注重形式，内容空洞。颜之推表示反对，认为应该“以古之制裁为本，今之辞调为末”，内容为本，加上新出现的形式要求，例如音律和谐华丽，辞句工整对称，避讳精细详密。颜之推家传的文章风格是“典正”，不随波逐流，当时不受重视。

二是谋篇布局能力。作品前后思路保持一致，不能脱节。

> 凡诗人之作，刺箴美颂，各有源流，未尝混杂，善恶同篇也。陆机为齐讴篇，前叙山川物产风教之盛，后章忽鄙山川之情，殊失厥体。(《文章》)

诗人的作品，不管是讽刺针砭，还是赞美歌颂，一般都各有其源流，从来没有将善和恶的内容混杂在同一篇中的现象。陆机作《齐讴篇》，前面叙述山川、物产、风俗、教化的兴盛，后面的部分却突然表现出鄙薄此地山川的感情，这太背离文章的一般体制了。

三是文章修改能力。修改文章也是写作训练的一项重要内容。

江南文制，欲人弹射，知有病累，随即改之，陈王得之于丁廙也。山东风俗，不通击难。吾初入邺，遂尝以此忤人，至今为悔；汝曹必无轻议也。(《文章》)

治点子弟文章，以为声价，大弊事也。一则不可常继，终露其情；二则学者有凭，益不精励。(《名实》)

南方文人希望别人指出自己文章的错误，马上就改，北齐不行。不能用评点修改子弟文章的方式获得名声，一是容易露馅；二是子弟有依赖，更不长进。

(5) 文体训练。不同的文体，有不同的写作要求。

夫文章者，原出《五经》：诏命策檄，生于《书》者也；序述论议，生于《易》者也；歌咏赋颂，生于《诗》者也；祭祀哀诔，生于《礼》者也；书奏箴铭，生于《春秋》者也。朝廷宪章，军旅誓诰，敷显仁义，发明功德，牧民建国，施用多途。至于陶冶性灵，从容讽谏，入其滋味，亦乐事也。行有余力，则可习之。(《文章》)

挽歌辞者，或云古者《虞殡》之歌，或云出自田横之客，皆为生者悼往告哀之意。陆平原多为死人自叹之言，诗格既无此例，又乖制作本意。(《文章》)

颜之推认为所有文章来源于《五经》，这是时代局限。提到的文体有 22 种，多数是应用文体，只有歌咏赋颂是文学文体。应用文体的用处多，文学文体能陶冶性灵，有能力的话，也可以学着写。

颜之推具体举了一种文体的写作注意事项，就是挽歌辞，本来这种文体是活着的人悼念逝者的，陆机写的挽歌辞却是死人自我哀叹，没有理解挽歌辞的本意。

(6) 其他注意事项。古代经常有代人写的文章，要注意以下事项。

> 凡代人为文，皆作彼语，理宜然矣。至于哀伤凶祸之辞，不可辄代。蔡邕为胡金盈作《母灵表颂》曰："悲母氏之不永，然委我而夙丧。"又为胡颢作其父铭曰："葬我考议郎君。"《袁三公颂》曰："猗欤我祖，出自有妫。"王粲为潘文则《思亲诗》云："躬此劳悴，鞠予小人；庶我显妣，克保遐年。"而并载乎邕、粲之集，此例甚众。古人之所行，今世以为讳。陈思王《武帝诔》，遂深永蛰之思；潘岳《悼亡赋》，乃怆手泽之遗：是方父于虫，匹妇于考也。蔡邕《杨秉碑》云："统大麓之重。"潘尼《赠卢景宣诗》云："九五思龙飞。"孙楚《王骠骑诔》云："奄忽登遐。"陆机《父诔》云："亿兆宅心，敦叙百揆。"《姊诔》云："伣天之和。"今为此言，则朝廷之罪人也。王粲《赠杨德祖诗》云："我君饯之，其乐泄泄。"不可妄施人子，况储君乎？(《文章》)

有两类最好不要写：一是哀伤凶祸，代别人写，类似于自我诅咒；二是有些词要慎重，“九五”“登遐”只能用在皇帝身上，不能用在平民身上，要不然会成为罪人。

2. 写作教育过程

从《颜氏家训·文章》篇的论述来看，颜之推认为的写作过程有三个：一是写前准备指导，例如关于写作的积累训练，关于某类文体的写作注意事项，等等；二是写作指导，例如关于谋篇布局的论述；三是写后加工指导，例如关于文章修改的论述。

(六) 论口语交际训练

《颜氏家训·风操》集中论述口语交际训练问题。

一是应答要守礼法。“梁武帝尝问一中土人曰：‘卿北人，何故不知有族？’答云：‘骨肉易疏，不忍言族尔。’当时虽为敏对，于礼未通。”这个人的回答虽然敏捷，但是不符合礼法。这是因为北方比南方更重视同姓血缘关系，《南史》卷二十五《王懿传》：“北土重同姓，并谓之骨肉。”只要是同一个姓，就当作骨肉近亲看待。南方则同姓的人也有亲疏远近，不像北方一样，更符合礼法。

二是关于避讳。“今世讳避，触涂急切。”当时的避讳，非常严格。“凡避讳者，皆须得其同训以代换之。”避讳的时候，用同义词替代。“江南轻重，各有谓号，具诸书仪；北人多称名者，乃古之遗风，吾善其称名焉。”称呼方式，南北有差异，南方用称号，北方直接叫名字。

（七）论双语教育

《颜氏家训》两次提到鲜卑语。《教子》载："齐朝有一士大夫，尝谓吾曰：'我有一儿，年已十七，颇晓书疏，教其鲜卑语及弹琵琶，稍欲通解，以此伏事公卿，无不宠爱，亦要事也。'吾时俯而不答。异哉，此人之教子也！若由此业，自致卿相，亦不愿汝曹为之。"北齐这个士大夫让自己的儿子学习鲜卑语，服侍公卿大夫，受到宠爱。颜之推说，学了鲜卑语就算能做到丞相级别的大官，也不愿意儿子们这么做。颜之推是从儒学的正统观念出发，不愿意儿子们通过非正常渠道获得高官职位。

《省事》提到："近世有两人，朗悟士也，性多营综……天文、画绘、棋博、鲜卑语、胡书、煎胡桃油、炼锡为银，如此之类，略得梗概，皆不通熟。惜乎！以彼神明，若省其异端，当精妙也。"这两个人很聪明，爱好很杂，包括鲜卑语，但都是知道大概，不精通，如果他们去掉无关紧要的"异端"，就会精通了。在颜之推看来，鲜卑语是与儒学关系不大的事情。

三、语文教育的态度

1. 及早教育

颜之推主张早教，《教子》："当及婴稚，识人颜色，知人喜怒，便加教诲，使为则为，使止则止。比及数岁，可省笞罚。……俗谚曰：'教妇初来，教儿婴孩。'诚哉斯语！"小孩及早教育他，可以让其懂规矩，长大了，不用费心费力教。颜之推也主张语文早教。

士大夫子弟,数岁已上,莫不被教,多者或至《礼》《传》,少者不失《诗》《论》。(《勉学》)

人生小幼,精神专利,长成已后,思虑散逸,固须早教,勿失机也。吾七岁时,诵《灵光殿赋》,至于今日,十年一理,犹不遗忘;二十之外,所诵经书,一月废置,便至荒芜矣。(《勉学》)

梁代士大夫的子弟,都接受语文早教,早早地读书,少的读《诗经》《论语》,多的读《三礼》《左传》。颜之推自己七岁读《灵光殿赋》,十年温习一遍,到老不忘。原因就是小孩精力集中,长大了精力就分散了,应当早教,不能错过时机。

参照第一章,六世纪时很多人物都有早教经历,例如1.1.1(梁简文帝)六岁便属文。1.1.2(梁)元帝年五岁,高祖问:"汝读何书?"对曰:"能诵《曲礼》。"1.1.3(昭明)太子生而聪睿,三岁受《孝经》、《论语》,五岁遍读五经,悉能讽诵。1.1.9(陆)云公五岁诵《论语》、《毛诗》,九岁读《汉书》,略能记忆。

2. 言传身教

颜之推所教的内容,都有自己的亲身经历和体会,做到言传身教,例如让儿子们多读书、不学鲜卑语,都是通过自己的言行传递的。

总体来看,《颜氏家训》所论述语文教育内容,包括语音教育、字词教育、书法教育、阅读教育、写作教育、口语交际训练、双语教育，以及语文教育态度，包括及早教育和言传身教，在六世纪都有相关语文教育史实。

第三节 《颜氏家训》论语文教师的素养

对于《颜氏家训》，现在讨论较多的是其中的教育思想，例如郑新丽《〈颜氏家训〉中蕴含的语文教育思想探析》(《安康师专学报》2006 年第 2 期)、于茹《〈颜氏家训〉语文学习思想研究》(吉林大学 2007 年硕士学位论文)、刘莹《〈颜氏家训〉的教育思想及对现代语文教学的启示》(东北师范大学 2010 年硕士学位论文)、程凤玲《对〈颜氏家训〉中语文教育思想的解读》(《安徽文学》2011 年第 5 期)等人的论述，其实《颜氏家训》也提出了对语文教师素养的要求。我们认为，《颜氏家训》蕴含的语文教师应具备的素养除了熟悉教学目的和教学内容外，还包括以下两方面[①]。

一、掌握教学方法

受到文体内容的限制，《颜氏家训》所谈到的语文教学方法不多，主要有以下两种。

1. 讲授法

通过语言表达，传授知识。《勉学》和《书证》两篇有许多使用讲授法的例证，例如，《勉学》篇最后部分有七段，讲解了

---

① 高光新：《〈颜氏家训〉论语文教师的素养》，《唐山师范学院学报》，2017 年第 3 期，第 145 页。

七个问题,《书证》篇有八段是回答别人的关于字词的问题,通过讲解让儿孙明白七个字词的含义。

2. 谈话法

利用谈话问答,引导学生,传授知识。颜之推讲到自己幼年时,“(父母)问所好尚,励短引长,莫不恳笃”(《颜氏家训·序致》)。父母询问孩子们的喜好和特长,鼓励孩子们克服弱点,发挥优势,孩子们没有不勤恳努力去做的。谈话法能够很好地引导学生。

二、具备教师素质

1. 教师道德

语文教师必须道德淳厚。教师教语文,目的是让学生“开心明目,利于行耳”,而不是为了让学生不学好。颜之推反对教学目的不纯,北齐的统治者是鲜卑化了的汉族人,朝廷里许多大官僚会说鲜卑语。对于有士大夫让自己的儿子学鲜卑语,侍奉大官僚,受到重视的做法,颜之推并不赞同,宁愿不做官,也不让儿孙学鲜卑语,“吾时俯而不答。异哉,此人之教子也!若由此业,自致卿相,亦不愿汝曹为之。”(《颜氏家训·教子》)这不是因为学习一门语言不好,而是因为目的不纯。

2. 教师知识

语文课的内容很丰富,要把语文课教好,需要具备大量知识。

(1) 本体知识。指语言文字与文学的知识,需要具备文字、语音、语法、词汇、写作、阅读、鉴赏、文学史等方面的知识。《颜氏家训·文章》篇的诸多例证，实际上要求教师具有文学和写作等方面的知识；《书证》篇要求教师具备语言文字方面的相关知识。

(2) 背景知识。讲解语文知识，往往用到许多背景知识，“郡国山川，官位姓族，衣服饮食，器皿制度，皆欲根寻，得其原本”(《颜氏家训·勉学》)。这里涉及地理、官职、姓氏、服饰、饮食、器物、制度等等，对于这些知识都需要查找根源，以免出错。

(3) 实践知识。教师教给学生的知识，必须亲自验证，不能盲从，“谈说制文，援引古昔，必须眼学，勿信耳受”(《颜氏家训·勉学》)。平时谈论或者写文章，引用古代例证的时候，必须亲自阅读研习，不能道听途说。《颜氏家训》所讲的语文知识，都是颜之推亲自验证的，其中有些是纠正当时的一些误传。

3. 教师能力

(1) 专业表达能力。作为语文教师，排在第一位的能力，是专业表达能力，尤其是口语表达能力。“问一言辄酬数百，责其指归，或无要会。邺下谚云：‘博士买驴，书券三纸，未有驴字。’使汝以此为师，令人气塞。”(《颜氏家训·勉学》)有的人你问他一句话，他能够回答一百句，再问他到底要说什么，有时候他自己都不清楚。邺下有个谚语说：“博士去买驴，写了三张纸，还没到驴字。”以这种人为师，让人气愤。这里说的就是口语表达能力不过关的人，不擅长表达和总结，就不能把知识准确地讲解出来，这种人不够做教师的基本条件。

(2) 研究能力。颜之推是著名语言学家，注意到了当时方言的差异。为了能够让子女发音标准，颜之推还确定了标准音，“共以帝王都邑，参校方俗，考核古今，为之折衷。搉而量之，独金陵与洛下耳”(《颜氏家训・音辞》)。以帝王都邑为准，参考方言俗语，考查古今言语，经过比较衡量，语音最标准的是金陵和洛阳。颜之推把金陵与洛阳音定为标准音，是经过探讨分析的，这是研究能力的表现。有了标准音，颜之推会严格地教子女，“吾家儿女，虽在孩稚，便渐督正之；一言讹替，以为己罪矣”(《颜氏家训・音辞》)。发音标准一方面是维持学术正统的需要，另一方面也是当时现实的需要。古代讲究避讳，不能说到与别人长辈名字读音相同的字，如果不小心说了，会让别人不高兴，也显得自己没礼貌、没学问，因此必须教子女牢记正确的字音，免得出错。

颜之推所提出的以帝王都邑读音为正音标准的观点，是历史上的第一个正音标准，对后世影响深远。颜之推参与制定标准的《广韵》，成为唐代正音和后代做诗用韵的标准。现在国家推广普通话，就是要减少因为方言导致的交流隔阂，促进文化交流。

第四节　《颜氏家训》论语文学习

《颜氏家训》不仅论述了语文教育，从另外的角度看，也论述了语文学习。语文学习者除了注意学习的目的和内容外，还需要注意以下两方面内容。

一、语文学习的态度

（一）刻苦勤奋

《勉学》讲了若干勤奋学习的道理和例子。在道理方面有：

> 自古明王圣帝，犹须勤学，况凡庶乎！
>
> 有志尚者，遂能磨砺，以就素业；无履立者，自兹堕慢，便为凡人。
>
> 古人勤学，有握锥投斧，照雪聚萤，锄则带经，牧则编简，亦为勤笃。

在例子方面有第二节论阅读部分的梁元帝、刘绮、臧逢世，还有以下例子：

> 义阳朱詹，世居江陵，后出扬都，好学，家贫无资，累日不爨，乃时吞纸以实腹。寒无毡被，抱犬而卧。犬亦饥虚，起行盗食，呼之不至，哀声动邻，犹不废业，卒成学

士，官至镇南录事参军，为孝元所礼。此乃不可为之事，亦是勤学之一人。

齐有宦者内参田鹏鸾，本蛮人也。年十四五，初为阍寺，便知好学，怀袖握书，晓夕讽诵。所居卑末，使彼苦辛，时伺间隙，周章询请。每至文林馆，气喘汗流，问书之外，不暇他语。及睹古人节义之事，未尝不感激沉吟久之。吾甚怜爱，倍加开奖。后被赏遇，赐名敬宣，位至侍中开府。

颜之推用讲道理和举例子的方式，鼓励子侄刻苦学习。

（二）谦虚严谨

学习语文要谦虚，不能自鸣得意；要严谨，不能随便下结论。

夫学者所以求益耳。见人读数十卷书，便自高大，凌忽长者，轻慢同列；人疾之如仇敌，恶之如鸱枭。如此以学自损，不如无学也。（《勉学》）

校定书籍，亦何容易，自扬雄、刘向，方称此职耳。观天下书未遍，不得妄下雌黄。或彼以为非，此以为是；或本同末异；或两文皆欠，不可偏信一隅也。（《勉学》）

（三）学无早晚

学习语文没有早晚，颜之推论述过语文早教，还论述过学习不怕晚，本章第二节论阅读部分的公孙弘、朱异、皇甫谧，都是晚学的人物。

二、语文学习的方法

（一）相互切磋

无论是读书还是写文章，都不能闭门造车，要相互切磋，共同进步。

> 《书》曰："好问则裕。"《礼》云："独学而无友，则孤陋而寡闻。"盖须切磋相起明也。见有闭门读书，师心自是，稠人广坐，谬误差失者多矣。（《勉学》）
>
> 学为文章，先谋亲友，得其评裁，知可施行，然后出手；慎勿师心自任，取笑旁人也。（《文章》）

（二）耳目结合

不能只相信书本上的，更不能相信道听途说，还需要亲自验证。

> 谈说制文，援引古昔，必须眼学，勿信耳受。江南闾里间，士大夫或不学问，羞为鄙朴，道听涂说，强事饰辞。（《勉学》）

（三）学用结合

学以致用，学了就要发挥作用。

世人读书者，但能言之，不能行之，忠孝无闻，仁义不足；加以断一条讼，不必得其理；宰千户县，不必理其民；问其造屋，不必知楣横而棁竖也；问其为田，不必知稷早而黍迟也；吟啸谈谑，讽咏辞赋，事既优闲，材增迂诞，军国经纶，略无施用：故为武人俗吏所共嗤诋，良由是乎！（《勉学》）

结 语

基于前面各章对六世纪的语文教育史事的梳理，下面进行总结。

一、本时期语文教育的特点

六世纪语文教育，既继承前代，又立足时代，有以下特点。

一是继承前代。前代指公元500年之前，有先秦两汉三国西晋与南北朝前半段，南朝的东晋、宋、齐，北朝的十六国和公元500年之前的北魏。

在语文教育思想上，延续前代，以儒家教育思想为主，多元教育思想并立。从对第二章人物阅读读本的分析可以看出：儒家经典是主要阅读对象；受玄学和佛教影响，《老子》《庄子》和佛经也有很多人阅读；六世纪的史学和文学渐趋独立，两类著作也有很多人阅读。通过以上阅读文本，可以验证本时期的语文教育思想。

在语文教育内容上，所有内容都是继承前代，文字的音形义与书写教育、阅读与写作教育，从先秦就有了，口语交际训练从魏晋开始受玄学影响而出现，双语教育从北朝开始出现。教育内容上受教育思想影响，显著特点是综合性。一方面语文教育内容有综合性,蒙学、识字与书法,阅读与写作,往往交叉,另一方面语文阅读内容有综合性,包含着经学、玄学、佛学、文学、史学等内容,往往有交叉,比如《诗经》既是儒学经典,又是文学作品。

二是立足时代特点的创新。表现在三个方面:其一是语文教育渐趋独立,教育内容逐渐出现专门性,例如语音教育、识字教育,都有著名学者与专门的著作进行探析;出现了新的教育机构和教育管理机构;其二是义疏体著作出现及其使用,例如皇侃《论语集解义疏》;其三是语文教育思想出现新的变化,例如本时期提出的正字思想、《颜氏家训》提出的正音思想。

总体来看,本时期的语文教育,强调语文教育的社会教化功能,重视教学过程的实践性,重视文学教育,与生活实际和学生实际结合比较紧密。由于六世纪高门士族与寒门士族仍然存在对立,但是寒门士族在逐渐兴起,人才上升渠道并不唯一,所以相应的语文教育的功利性不明显。

二、本时期语文教育对后世的影响

六世纪语文教育具有承前启后的特点,对后世的语文教育产生深远影响,主要有四个方面:

一是教育制度对隋唐有影响。例如北魏中央官学的四门学、地方官学的四门学,北齐的教育管理机构国子寺,都被隋唐继承,《隋书》卷二十七《百官志中》、《新唐书》卷四十四《选举志上》有记载。

二是《颜氏家训》的语文教育思想对后世有影响。例如语文早教、阅读与写作的方法，强调博学多闻、目视耳闻、相互切磋、学用结合等。其中《教子》《风操》《勉学》《文章》《书证》《音辞》《杂艺》等篇关于语文教育的论述，到现在还有启发意义，有众多论著对其进行探讨。

三是出现了大量语文教育用书。蒙学语文教育用书《千字文》，元赵孟頫用六种书体写《千字文》，明文徵明有《四体千字文》，从宋朝开始，《千字文》逐渐与《三字经》《百家姓》合为一个蒙学用书系统，统称“三百千”，逐渐取代秦代以来的《急就章》，一直沿用到清末。语言文字工具书《玉篇》，唐宋以后被广泛使用。阅读文本与写作范本主要是文集与总集，《四库全书》收录的有《昭明太子集》《江文通集》《何水部集》《庾开府集笺注》《庾子山集注》《徐孝穆集笺注》。当前整理出版的有：《江文通集汇注》（中华书局 1984 年版）、《何逊集校注》（中华书局 2010 年版）、《庾子山集注》（中华书局 1980 年版）、《徐陵集校笺》（中华书局 2008 年版）、《文选》（中华书局 1995 年版）、《玉台新咏笺注》（中华书局 1985 年版）等。文学写作理论著作书主要是《文心雕龙》与《诗品》，现在的注本比较多，有《文心雕龙今译》（中华书局 1986 年版）、《诗品集注》（上海古籍出版社 2011 年版）。其他的，例如《论语集解义疏》在成书之后，一直受到重视，直到北宋邢昺《论语注疏》出现，才逐渐被替代，最终在南宋亡佚。

四是标准语教育思想。六世纪开始出现正字与正音主张，例如《颜氏家训·书证》提出的规范汉字的主张，被他的后代继承，唐颜元孙《干禄字书》是一部正字书，把文字分为“正、通、俗”三种字体。《颜氏家训·音辞》提出的标准语音主张，被《切韵》继承，以《切韵》为作诗标准音的做法延续到清代。

参考文献

一、古籍

[南朝]江淹撰，胡之骥注：《江文通集汇注》，中华书局，1984 年。

[梁]沈约：《宋书》，中华书局，2005 年。

[梁]萧统编：《文选》，中华书局，1995 年。

[梁]何逊撰，李伯齐校注：《何逊集校注》，中华书局，2010 年。

[梁]钟嵘撰，曹旭集注：《诗品集注》(增订本)，上海古籍出版社，2011 年。

[陈]徐陵撰，许逸民校笺：《徐陵集校笺》，中华书局，2008 年。

[陈]徐陵编，[清]吴兆宜注：《玉台新咏笺注》，中华书局，1985 年。

[北齐]魏收：《魏书》，中华书局，2002 年。

[北周]庾信撰，[清]倪璠批注：《庾子山集注》，中华书局，1980 年。

[唐]道宣：《续高僧传》，中华书局，2014 年。

[唐]杜佑：《通典》，中华书局，2018 年。

[唐]李百药:《北齐书》,中华书局,2005年。

[唐]李延寿:《北史》,中华书局,2004年。

[唐]李延寿:《南史》,中华书局,2002年。

[唐]令狐德棻:《周书》,中华书局,2003年。

[唐]魏征:《隋书》,中华书局,1997年。

[唐]姚思廉:《陈书》,中华书局,2003年。

[唐]姚思廉:《梁书》,中华书局,2005年。

[后晋]刘煦等:《旧唐书》,中华书局,2000年。

[宋]欧阳修、宋祁:《新唐书》,中华书局2000年。

[宋]王钦若:《册府元龟》,中华书局,1982年。

二、今人论著

陈建裕:《〈玉篇〉部首说略》,《阴山学刊》,1999年第1期。

陈勇:《我国古代语文教育实践传统及启示》,《语文建设》,2016年第13期。

程凤玲:《对〈颜氏家训〉中语文教育思想的解读》,《安徽文学》,2011年第5期。

崔莹、李成:《〈颜氏家训·勉学〉中的学习观及其当代价值》,《辽宁工业大学学报》,2012年第5期。

范娇、陈美惠:《颜之推语文教育思想体系研究》,《现代语文》(教学研究版),2012年第12期。

邓红玲:《〈颜氏家训〉修身利行的语文学习观探析》,《吕梁教育学院学报》,2011年第3期。

高光新:《“碣石”与“山岛竦峙”释义辨》,《语文建设》2018年第19期。

高光新:《〈颜氏家训〉词汇研究》,中国社会科学出版社,2013年。

高光新:《〈颜氏家训〉论语文教师的素养》,《唐山师范学院学报》,2017年第3期。

高光新:《北朝后期女性语文教育》,《唐山师范学院学报》,2020年第2期。

高光新:《论北齐佛经翻译》,《中文研究论集2019》,山东大学出版社,2019年。

高光新:《南北朝侍书研究》,《中国书法》,2018年第18期。

高光新:《中国古代侍书制度史研究》,《中国书法》,2018年第16期。

耿红卫:《中国语文教育史教程》,山东教育出版社,2013年。

龚惠琼:《〈文心雕龙〉与中学语文教育》,华中师范大学硕士学位论文,2016年。

洪卫中:《颜之推的教学思想及当代启示》,《现代教育论丛》,2017年第2期。

侯荣荣:《〈颜氏家训〉对当代语文写作教学的启示》,湖南师范大学硕士学位论文,2017年。

姜航航:《论〈颜氏家训〉中的语文教育思想》,《现代语文》,2017 年第 6 期。

教育部:《义务教育语文课程标准》,北京师范大学出版社,2012 年。

雷传平:《〈颜氏家训〉研究》,曲阜师范大学博士学位论文,2016 年。

李建国:《颜之推与隋唐语文规范》,《信阳师范学院学报》,2006 年第 2 期。

李耀伟:《〈颜氏家训〉中的阅读教学思想探微》,《文学教育》,2016 年第 1 期。

林晖、周晓蓬:《中国语文教育思想史》,北京大学出版社,2016 年。

刘莹:《〈颜氏家训〉的教育思想及对现代语文教学的启示》,东北师范大学硕士学位论文,2010 年。

刘咏梅:《皇侃〈论语义疏〉研究》,曲阜师范大学硕士学位论文,2006 年。

陆桂林:《论〈颜氏家训〉对现代语文阅读写作教学的启示》,《教学研究》,2016 年第 3 期。

陆建华、夏当英:《南北朝礼学盛因探析》,《孔子研究》,2000 年第 5 期。

毛远明:《汉魏六朝碑刻校注》,线装书局,2009 年。

钱俪元:《〈颜氏家训〉中的语文阅读方法探析》,《现代语文》(学术综合版),2014 年第 7 期。

佘晓藕:《原本〈玉篇〉编纂体例研究》,《语文学刊》,2014

年第1期。

时晓虹:《积淀与蜕变:古代语文教育思想浅论》,《课程·教材·教法》,2002年第1期。

宋大川、王建军:《中国教育制度通史》(第2卷),山东教育出版社,2004年。

王佳伟:《魏晋南北朝家训对语文教育的启示》,南京师范大学硕士学位论文,2015年。

王利器:《颜氏家训集解》,中华书局,2005年。

王其祎、周晓薇:《隋代墓志铭汇考》,线装书局,2007年。

王倩:《先秦两汉语文教育史》,北京师范大学出版社,2018年。

王松泉:《古代语文教育方法及其当代启示》,《语文建设》,2014年第13期。

王松泉等:《中国语文教育史简编》,社会科学文献出版社,2002年。

王文彦、蔡明主编:《语文课程与教学论》,高等教育出版社,2002年。

温超:《〈颜氏家训〉文体写作观念研究——兼论语文课程中的教学文体》,天津师范大学硕士学位论文,2012年。

谢保国:《中国古代语文教育史稿》,宁夏人民出版社,2009年。

徐望驾:《皇侃〈论语集解义疏〉中的疑问句》,《河北科技师范学院学报》,2006 年第 3 期。

徐望驾:《试论皇侃〈论语集解义疏〉》,《古汉语研究》,2003 年第 2 期。

许书明、徐海梅:《中国古代语文教育史》,科学出版社,2016 年。

许云和:《经典构建:〈隋书·经籍志〉总集的范式意义》,《文学遗产》,2015 年第 4 期。

于登花:《〈颜氏家训〉语文教育思想研究》,青海师范大学硕士学位论文,2019 年。

于茹:《〈颜氏家训〉语文学习思想研究》,吉林大学硕士学位论文,2007 年。

张福国:《古代语文教育的经世致用思想》,《湖南第一师范学院学报》,2020 年第 10 期。

张隆华:《以史为镜——编写〈中国古代语文教育史〉的一些思考》,《河北师范学院学报》,1994 年第 4 期。

张隆华、曾仲珊:《中国古代语文教育史》,四川教育出版社,2000 年。

张少康等:《文心雕龙研究史》,北京大学出版社,2001 年。

张杨:《〈颜氏家训〉对中学写作教学的启示》,辽宁师范大学硕士学位论文,2020 年。

杨岚岚:《〈颜氏家训〉中的学习观及其对现代语文教育的意义》,《文化学刊》,2017 年第 7 期。

赵超:《魏晋南北朝墓志汇编》,天津古籍出版社,1992年。

赵万里:《汉魏南北朝墓志集释》,广西师范大学出版社,2008年。

郑新丽:《〈颜氏家训〉中蕴含的语文教育思想探析》,《安康师专学报》,2006年第2期。

周丽珍、单洪轩:《〈颜氏家训〉对现代儿童语文素养培育的启示》,《长江师范学院学报》,2012年第2期。

周绍良、赵超:《唐代墓志汇编》,上海古籍出版社,1992年。

周绍良、赵超:《唐代墓志汇编续编》,上海古籍出版社,2001年。

周振甫:《文心雕龙今译》,中华书局,1986年。

朱红莉:《〈颜氏家训〉中的学习观及其现实意义》,《文化学刊》,2019年第6期。

后　记

一本小册子完工，写作起因是对《颜氏家训》的断续阅读。我的博士论文《〈颜氏家训〉词汇研究》是在导师许嘉璐先生指导下确定的题目，现已出版。这些年来在阅读《颜氏家训》的时候又有一些新的思考。《颜氏家训》的每一句话都有来历，来自颜之推的人生经验，记载了他所看所闻所想，是对他所处时代的真实记录。同样道理，《颜氏家训》的语文教育思想，也来自颜之推所处的时代，需要从时代背景出发加以探讨。基于这一点，适当扩展时间上下限，就成了这本小册子。

写得不成功，心里颇为不安。原因一是众事猬集，自制力又不够强，导致思考深度不够；二是对古代语文教育史的宏观把握还不到位，没有从更高的高度上论述。学无止境，以后再接再厉。

感谢编辑柯亚莉女史的大力协助。

高光新

2020 年 9 月 10 日

图书在版编目(CIP)数据

六世纪语文教育史 / 高光新著. — 秦皇岛 : 燕山大学出版社, 2021.8（2026.1 重印）
ISBN 978-7-5761-0201-7

Ⅰ. ①六… Ⅱ. ①高… Ⅲ. ①汉语—教育史—中国—6 世纪 Ⅳ. ①H109.2

中国版本图书馆 CIP 数据核字（2021）第 115422 号

六世纪语文教育史
LIU SHIJI YUWEN JIAOYU SHI

高光新 著

出 版 人：陈 玉
责任编辑：柯亚莉
封面设计：方志强
出版发行：燕山大学出版社
地 址：河北省秦皇岛市河北大街西段 438 号
邮政编码：066004
电 话：0335-8387555
印 刷：廊坊市印艺阁数字科技有限公司
经 销：全国新华书店

开 本：880mm×1230mm 1/32 印 张：7.625 字 数：160 千字
版 次：2021 年 8 月第 1 版 印 次：2026 年 1 月第 2 次印刷
书 号：ISBN 978-7-5761-0201-7
定 价：58.00 元

如发生印刷、装订质量问题，读者可与出版社联系调换
联系电话：0335-8387718